Hartmut Bärend · Das Matthäus-Evangelium

D1723416

Hartmut Bärend

Das Matthäus-Evangelium

Impulse für Hauskreise und Bibelstudium

© 2008 Aussaat Verlag
Neukirchener Verlagsgesellschaft mbH, Neukirchen-Vluyn
www.nvg-medien.de
Umschlaggestaltung: Andreas Sonnhüter, Düsseldorf
Umschlagabbildung: Caravaggio, Matthäus und der inspirierende Engel,
1662, in der Contarelli-Kapelle der Kirche San Luigi dei Francesi in Rom
Satz: Breklumer Print-Service, Breklum
Druck: Fuck Druck, Koblenz
ISBN 978-3-7615-5672-6

Inhaltsverzeichnis

Einführung 7

Evangelium und Evangelien 13
Der Begriff „Evangelium" 13
   Wortbedeutung 13
   Der Begriff in der Bibel 14
   Der Begriff heute 17
Die vier Evangelien 20
Die Symbole 21
Matthäus – Markus – Lukas: Die synoptische Frage . . . 23
Johannes 25
Einheit und Vielfalt 26

Einführung ins Matthäus-Evangelium 27
Der äußere Eindruck 28
Theologische Schwerpunkte 29
Der Aufbau des Matthäus-Evangeliums
   mit seinen Besonderheiten 34
Verfasserschaft 35
Zeit und Ort 36
Adressat 37

Das Matthäus-Evangelium – der Inhalt

Die Kindheitsgeschichten (1,1-2,23) 39
Die Anfänge Jesu (3-4) 44
Die Bergpredigt (5-7) 49
Der Messias der Tat (8-9) 65
Missionarisch leben (9,36-11) 68
Jesu Auseinandersetzung
   mit seinen Gegnern (12-16) 75
Leidensankündigungen und Nachfolge (16,13-20,34) . 82

Jesu Urteil über Jerusalem –
Tempelgeschichten (21-25) 90
Jesu Leiden, Sterben und Tod (26-27) 95
Jesu Auferstehung (28) 104

Einführung

Bibelwissen ist ein Schatz für das ganze Leben. Wir können gar nichts Besseres tun als die Bibel lesen, darin arbeiten und daraus Orientierung und Kraft für unser Leben schöpfen. Dieses Buch will eine Hilfe dazu sein. Ein Buch zum Markus-Evangelium ist in diesem Verlag bereits erschienen. Hier folgt nun eine bibelkundliche Erfassung des Matthäus-Evangeliums.

Gleich zu Beginn sei gesagt: Dieses Buch ist kein Kommentar zu den einzelnen Kapiteln des Matthäus-Evangeliums. Man kann zumindest nicht ohne weiteres und sofort Gewinn daraus holen für das Verständnis einzelner Verse und Kapitelteile. Das wird sich sicher auch hier und dort ergeben. Das Ziel aber ist ein anderes. Dieses Buch bietet Überblickswissen. Es zeigt größere Zusammenhänge auf, benennt Gesamtthemen, bemüht sich um Zwischengliederungen und Skizzen zum Verstehen eines ganzen Abschnitts. Es ist ein Arbeitsbuch, sozusagen eine Bibelkunde für Menschen, die die Bibel, hier das Matthäus-Evangelium, kennen lernen und Überblicke gewinnen wollen.

Darum wird auch hier wieder – wie schon bei der Behandlung des Markus-Evangeliums – für das Lesen des Buches eine eigene Methodik vorgelegt:

Es empfiehlt sich, das Matthäus-Evangelium in den hier vorgeschlagenen Abschnitten zu lesen. Am besten wäre es, wenn sich Gruppen zusammenfinden, die den Wunsch haben, dieses eine Evangelium an zehn oder zwölf Abenden durchzuarbeiten. Das können Hauskreise, Bibelgruppen oder Spontangruppen sein, die sich einfach für die Bibel interessieren. Ich bin überzeugt davon, dass es gelingen kann, der Kirche ferne Menschen für die Bibel und besonders auch für dieses Evangelium zu interessieren. So war das ja auch am Anfang der Kirche vor 2000 Jahren: Die Evangelienschriften wurden in der Gemeinde vorgelesen, Abschnitt für Abschnitt, und sie wurden dann auch zu Menschen gebracht, die der jungen Christengemeinde fremd gegenüberstanden.

Es empfiehlt sich, die einzelnen Abschnitte (siehe: Der Aufbau des Matthäus-Evangeliums mit seinen Besonderheiten, S. 34) des Matthäus-Evangeliums in Eigenlektüre vorweg gelesen zu haben, bevor eine Gruppe darüber spricht. Das kann ja von Mal zu Mal verabredet werden. An guter eigener Vorbereitung hängt viel. Dabei ist es gar nicht wichtig, ob alles schon bei der eigenen Lektüre verstanden worden ist. Hauptsache, die Texte sind bereits ein wenig bekannt! Wenn dann die Gruppe zusammentrifft, empfiehlt sich ein erster Austausch über das Gelesene. Dabei können Entdeckungen mitgeteilt und Fragen gestellt werden, auch ganz fernliegende oder „peinliche" Fragen, die zeigen, dass kaum Vorkenntnisse vorhanden sind. Es gibt hier keine wirklich peinlichen Fragen. Da das biblische Wissen in den letzten Jahren und Jahrzehnten erheblich zurückgegangen ist, können wir immer weniger voraussetzen. Deshalb wurde ja auch dieses Buch geschrieben!

Nach einer nun gemeinsamen Lektüre des jeweiligen Abschnittes empfiehlt es sich, die Erklärungen zu lesen, um Schritt für Schritt ein Verständnis für dass Ganze zu bekommen.

Und dann kommen noch zwei wichtige Arbeitsteile hinzu. Zum einen: Am Schluss jedes Abschnitts stehen einige **aufschließende** Fragen, die z.T. auch mit der heutigen Situation unserer Gemeinden oder mit unserem persönlichen Glauben zu tun haben. Diese Fragen sollen das Gruppengespräch weiten und konkretisieren und dazu helfen, dass der biblische Text hineinspricht in unsere Lebenssituation. Zum andern: Es finden sich ebenfalls am Schluss des jeweiligen Abschnittes Merkverse. Das sind solche Verse aus dem jeweiligen Abschnitt, die festgehalten werden sollen, weil sie eine eminente Hilfe zum Verständnis des jeweiligen Abschnittes bieten. Es sind sozusagen Schlüsselverse.

Ich empfehle sehr, diese **Merkverse** – jedenfalls teilweise – auswendig zu lernen. Sie sind dann ein Schatz in unserem Leben, den uns niemand mehr nehmen kann. Die englische Sprache sagt sehr schön, worum es beim Auswendiglernen geht: Sie hat dafür die Bezeichnung „learning by heart", Lernen mit dem Herzen. In der Tat: Genau darum geht es: Mit dem Herzen zu lernen, sich die Verse zu Herzen zu nehmen, sie als unzerstörbaren Reichtum bei sich zu tragen.

Das mag am Anfang überzeichnet klingen, ist es aber nicht: Wie oft in meinem Leben war ich froh, bestimmte Bibelverse zur rechten Zeit parat zu haben, ohne dass ich eine Bibel dabei haben musste. Dabei geht es nicht darum, anderen Menschen Bibelverse um die Ohren zu schlagen. Das fruchtet sowieso nichts. Aber es geht darum, dass bei einem Krankenbesuch, in einem seelsorglichen Gespräch, in einer Diskussion, bei einem Glaubensgespräch ein Bibelwort zur rechten Zeit Gold wert ist und mehr sagen kann als viele andere Worte. Und es geht darum, dass ich selbst, dass wir selbst in Krisenzeiten des Lebens solche Worte bei uns tragen, die in wunderbarer Weise trösten und aufatmen lassen, die aber auch neu orientieren und korrigieren können. Es ist keine Frage, dass es heute überhaupt nicht „in" ist, auswendig zu lernen. Auf Dauer führt dieser Mangel aber zu einer Selbstentleerung des Menschen, der dann nur noch nimmt und wegwirft und letztlich nichts Bleibendes bei sich hat. Die Bibel mit ihrem großartigen Inhalt ist der bleibende Schatz, der sogar dann noch da ist, wenn alles andere nichts mehr gilt. Darum soll diese Bemühung um das Auswendiglernen ein Beitrag sein zur Persönlichkeitsbildung der Menschen. Darum geht es bei der Arbeit an der Bibel überhaupt. Darum geht es aber auch beim Auswendiglernen.

Die hier vorgelegten zusammenfassenden Erklärungen zu den verschiedenen Abschnitten des Matthäus-Evangeliums sind Frucht vieler Einheiten im Fach „Bibelkunde des Neuen Testaments", das ich über 17 Jahre lang am Seminar für evangelischen Gemeindedienst der Arbeitsgemeinschaft MBK, heute „Evangelisches Jugend- und Missionswerk e.V." in Bad Salzuflen gegeben habe, und das mit Freude. Die Studierenden waren hoch motivierte junge Frauen, die sich auf den Beruf der Gemeindepädagogin vorbereiteten. Das Fach „Bibelkunde des Neuen Testamens I" gehörte zu den Anfangsgründen der Ausbildung.

Deshalb bietet es sich m. E. durchaus an, die Texte auch einem breiteren interessierten Leserkreis zur Verfügung zu stellen, der sich in ähnlicher Weise, wie ich es über viele Jahre hinweg in Bad Salzuflen erlebt habe, der Bibel zuwendet. Vorwissen ist nur ansatzweise nötig, und es ist auch nicht vorausgesetzt, dass die Leser dieses Buches sich womöglich auf den Weg in die Hauptamtlichkeit begeben müssten, – was natürlich nicht heißen muss, dass das gar nicht gewünscht wäre: Sollte jemand über der Lektüre dieses Buches Lust bekommen, sich für eine Ausbildung zum hauptamtlichen Dienst in der Kirche und Gemeinde Jesu Christi zu interessieren, dann hat er jedenfalls hier einen wichtigen Baustein gewonnen. Das Gleiche gilt für die, die sich auf diesem Weg entscheiden, ihre Ehrenamtlichkeit in der Gemeinde zu entwickeln oder zu verstärken.

Dieses Buch will dazu beitragen, dass wir wachsen in der biblischen Erkenntnis und Lehre, um dann denen, die wissen wollen, wie der Heilsplan Gottes für die Welt aussieht, Auskunft geben zu können. Wir werden in den nächsten Jahren und Jahrzehnten immer mehr die Lehre betonen müssen, nachdem das Wissen um Bibel, Glaube und Kirche immer mehr zurückgegangen ist. In unserer deutschen Gesellschaft, in der 30 Millionen Menschen keiner christlichen Konfession angehören, sind Christen je länger desto mehr gefordert, Rechenschaft über ihren Glauben abzulegen. Wie sollen sie das, wenn sie die Grundlagen des Glaubens nicht oder nur verschwommen kennen? Darum gehören neben die Glaubenskurse, die evangelistischen Großeinsätze und die missionarischen Gespräche auch Bibelkurse und gute Einführungen zu biblischen Büchern. Dem möchte auch das vorliegende Buch entsprechen und einen Beitrag leisten zur Sprachschule des Glaubens für Ehren- und auch für Hauptamtliche in der Gemeinde Jesu Christi.

Noch eine letzte Vorbemerkung: Das Matthäus-Evangelium ist das erste in der Kette der vier großen Evangelienbücher, die das Neue Testament enthält. Deshalb schien es mir unverzichtbar, nicht nur das Matthäus-Evangelium für sich zu betrachten, sondern auch einen Blick auf die anderen Evangelien zu werfen, einen ersten Vergleich anzustellen und auch Fragen mündlicher und literarischer Verwandtschaft unter den Evangelientexten zu bedenken. Dabei spielt die Nähe des Markus-Evangeliums zum Matthäus-Evangelium eine entscheidende Rolle, die sich auch durch fast alle Einzelbetrachtungen der Abschnitte aus dem Matthäus-Evangelium zieht. Außerdem war es mir wichtig, dass das Wort „Evangelium" auch angemessen erklärt wird. Auch diesem Anliegen bin ich nachgegangen und habe am Anfang des Buches einen lexikalischen Artikel zum Begriff „Evangelium" beigesteuert.

Der holländische Theologe Hendrikus Berkhof, dem ich viel Gutes zum Thema „Heiliger Geist" verdanke, hat einmal den großartigen Satz – in Anknüpfung an Luther – aufgeschrieben: „Das Wort bringt den Geist an die Herzen heran; der Geist bringt das Wort in die Herzen hinein." Gemeint ist damit: Alle Beschäftigung mit dem Wort der Bibel bietet eine ungeheure Chance. Wo an der Bibel erwartungsvoll gearbeitet wird, wird Raum geschaffen für die Wirklichkeit und Wirkung des Heiligen Geistes. Weil die Bibel selbst Gottes Wort ist, hilft alle Beschäftigung mit der Bibel dazu, in die Nähe Gottes und seines guten Geistes zu kommen. Das ist das eine. Aber das andere ist ebenso wichtig: Natürlich kann der Mensch es nicht von sich aus schaffen, dass die Bibel als Gottes Wort zu ihm spricht. Dazu muss der Heilige Geist sein eigenes Werk tun. Und das tut er auch, das hat er versprochen. Es ist und bleibt wahr: Der Umgang mit der Bibel hat Verheißung!

Ich wünsche Ihnen, den Leserinnen und Lesern dieses Buches, den Gruppen und Kreisen, die sich damit beschäftigen, den Seminaren und Kursen, die sich darüber bilden, den Segen, von dem der Beter des 1. Psalms gesprochen hat: „Wohl dem, der seine Lust hat am Wort des Herrn. Der gleicht einem Baum, der am Wasser gepflanzt ist und Frucht bringt zur rechten Zeit. Und seine Frucht bleibt." Solche Erfahrungen wünsche ich Ihnen bei der Arbeit am Matthäus-Evangelium und an der Bibel überhaupt.

Hartmut Bärend, im Juni 2008

Evangelium und Evangelien

Mit dem Matthäus-Evangelium beginnt im Neuen Testament eine Reihe von insgesamt vier Schriften, die ausdrücklich mit der Bezeichnung „Evangelium" versehen sind. Eigentlich ist die Rede z.B. vom Matthäus-Evangelium gar nicht richtig, es geht ja nicht um Matthäus und sein Evangelium, sondern, wie es exakter heißen muss, um das Evangelium nach Matthäus, nach Markus, nach Lukas und nach Johannes. Das Evangelium ist der Hauptbegriff, nicht die Person, die das Evangelium vorgelegt hat.

Der Begriff „Evangelium"

Was ist ein Evangelium? Bevor wir uns in diesem Buch dem Matthäus-Evangelium zuwenden, seien einige grundsätzliche Bemerkungen zum Begriff „Evangelium" vorausgeschickt. Anschließend bewegen wir uns dann immer näher hin zur Gestalt der vier Evangelien und schließlich zu Matthäus bzw. zum Evangelium nach Matthäus.

Wortbedeutung

Das Wort „Evangelium" stammt aus dem Griechischen und heißt soviel wie „gute Botschaft", „gute Nachricht", „gute Mär" (Luther). Verbunden damit war bei den Griechen eine Siegesbotschaft: „Schon am Äußeren des Boten erkennt man, dass er eine freudige Nachricht bringt. Sein Gesicht strahlt, die Lanzenspitze ist mit Lorbeer geschmückt, das Haupt bekränzt, er schwingt einen Palmwedel, Jubel erfüllt die Stadt" (G. Friedrich).

Wichtiger aber ist der Sprachgebrauch im römischen Kaiserkult. Hier bekommt der Begriff einen politischen Klang. Weil der Kaiser mehr galt als ein gewöhnlicher Mensch, darum waren seine Anordnungen Evangelium. Was er sprach, bedeutete göttliches Heil für die Menschen. Vom Kaiser Augustus heißt es: „Der Geburtstag des Gottes wurde für die Welt zum Anfang der Evangelien, die seinetwegen ausgehen".

So stehen sich der Kaiser in Rom und der verachtete Rabbi am Kreuz gegenüber. Das NT nimmt einen geprägten Begriff auf. Es spricht die Sprache seiner Zeit. Es riskiert die Auseinandersetzung mit dem Gottkaisertum. Aber es weiß auch, warum.

Der Begriff in der Bibel

„Wie lieblich sind auf den Bergen die Füße des Freudenboten, der Frieden verkündigt, gute Botschaft bringt, das Heil verkündigt, zu Zion spricht: Dein Gott ward König." (Jes 52,7) Das und nichts anderes ist das Evangelium nach der Botschaft des AT! Nicht um irgendeine Nachricht geht es, sondern um die gute Nachricht, um Ankündigung und Geschehen zugleich, um das Ausrufezeichen der großen Taten Gottes. Als keine Hoffnung mehr war, wurde ein Prophet herausgerufen, um „den Elenden frohe Botschaft zu bringen" (Jes 61,1). Diese Botschaft erging an die Juden im Exil in Babylon, schloss aber auch die Heidenvölker ein (Jes 60,6). Alle Welt sollte einstimmen in das Lob: „Singet dem Herrn, lobpreist seinen Namen, verkündet Tag für Tag sein Heil!" (Ps 96,2)

Was hier anklingt, aber noch als Hoffnungsgut beschrieben wird, findet im NT seine Erfüllung: Dem Zacharias bringt der Engel Gabriel die „gute Botschaft" von der Geburt des Johannes (Lk 1,19), und als Jesus geboren wird, spricht der Engel zu den Hirten: „Siehe, ich verkündige euch (als Frohbotschaft) große Freude" (Lk 2,10). Johannes gehört in das Evangelium hinein, aber mit Jesus ist das Evangelium gekommen. Das heißt nicht nur, dass Jesus eine frohe Botschaft bringt, dass er das „Evangelium vom Reich predigt" (Mt 4,23; 9,35), dass er aufruft: „Glaubt an das Evangelium!" (Mk 1,15) Jesus selbst ist das Evangelium. Als die Jünger des Johannes Jesus fragen, ob er der Messias sei, antwortet er: „Armen wird die frohe Botschaft gepredigt und selig ist, wer an mir keinen Anstoß nimmt." (Mt 11,5f) Der Bote selbst ist Inhalt der Botschaft. Darum kann Jesus sagen: „Wer sein Leben verliert um meinet- und um des Evangeliums willen, der wird es erretten." (Mt 8,35) Glaube an das Evangelium ist Glaube an Jesus (Mk 1,1.15). Mag auch noch so viel mitschwingen, das Reich Gottes (Mt 24,14), die Gnade Gottes (Apg 20,24), der Friede (Eph 6,15) und die Hoffnung (Kol 1,23), alles ist auf den Einen orientiert und geht von ihm aus: Jesus Christus. Der verachtete Rabbi am Kreuz ist der von Gott gesandte Heiland der Welt.

Dies kommt vor allem in den Paulusbriefen immer zum Zuge. Seinen Dienst beschreibt Paulus als Dienst am Evangelium (Röm 1,1), und der Inhalt des Evangeliums ist eindeutig der Sohn, „Jesus Christus, unser Herr" (Röm 1,4; 1Kor 15,1ff). Die frohe Botschaft konzentriert sich auf den Einen, der „wahrer Mensch und wahrer Gott zugleich" ist (Röm 1,3f). So wird der Satz verständlich, der für den Römerbrief des Paulus thematische Bedeutung hat: „Ich schäme mich des Evangeliums nicht; denn es ist eine Kraft Gottes zur Rettung einem jeden, der daran glaubt" (1,16). Es geht nicht um irgendein „Evangelium" des römischen Gottkaisertums, es besteht nicht aus schriftlichen oder mündlichen Anordnungen, die ja doch nur vorübergehende Bedeutung haben, – nein: Im Evangelium kommt der Herr zu Wort, dem „alle Gewalt gegeben ist im Himmel und auf Erden" (Mt 28,18).

Darum kann Paulus auch nichts anderes tun als verkündigen. Alle Welt muss das Evangelium hören (Mk 13,10), das wird zur Richtschnur für den Lebensweg des Paulus. Er möchte das Evangelium nicht da predigen, wo Christus schon genannt worden ist (Röm 15,20). Sein Auftrag geht vielmehr bis „an die Enden der Erde"; er weiß sich als Schuldner der „Griechen und Nichtgriechen, der Weisen und Nichtweisen" (Röm 1,14). So kann er den Römern schreiben, dass er das Evangelium „vollständig" verkündet hat von Jerusalem bis nach Illyrien (Röm 15,19) und dass er nun die Absicht hat, über Rom nach Spanien zu reisen (Röm 15,23f). Dabei verbreitet nicht

Paulus das Evangelium in die Welt, sondern das Evangelium treibt ihn, geht es doch hierbei nicht um irgendeine Nachricht, sondern um die einzig wichtige und froh machende Nachricht, ja noch mehr: In der Predigt des Evangeliums kommt Jesus, der Herr, selbst zum Zuge. Darum schreibt Paulus seinen Korinthern, dass „wir alles ertragen, damit wir dem Evangelium von Christus kein Hindernis bereiten" (1Kor 9,12). Das Evangelium steht auf dem Spiel. Das Wort vom Kreuz muss laufen. Darum fährt Paulus fort: „Wehe mir, wenn ich das Evangelium nicht predige!" (9,16). Das Evangelium hat Paulus so sehr beschlagnahmt, dass ihm jede Lebenslage „zur Förderung des Evangeliums" dient, ob es nun um Unterhaltsfragen geht (1Kor 9,12-18), um Gefangenschaft (Phil 1,12) oder um Leiden überhaupt (2Tim 1,8). Da spricht er dann auch unvermittelt von „unser Evangelium" (2Kor 4,3); er weiß, dass ihm das Evangelium anvertraut ist (Gal 2,7), er kann den Korinthern sagen: „In Jesus Christus habe ich euch durch das Evangelium gezeugt" (1Kor 4,15).

Um so mehr kommt nun alles darauf an, dass Menschen dem Evangelium glauben (Röm 1,16), dass sie als Christen einen „dem Evangelium würdigen Wandel führen" (Phil 1,27). Denn die Gefahr besteht, dass sich auch Christen „abwendig machen lassen zu einem anderen Evangelium" (Gal 1,6.7.9). Paulus weiß sich zur Verteidigung des Evangeliums gerufen (Phil 1,7.16), er weiß, wie leicht Menschen wieder abirren können, zurückfallen können in Lebensgewohnheiten, die sie längst hinter sich haben müssten, wie schnell Menschen sich verzaubern lassen durch modische Strömungen (Gal 3,1). Gesetzlichkeit (vgl. die Gegnerschaft im Galaterbrief) und Schwärmerei (vgl. die Gegnerschaft in den Korintherbriefen) sind die Abgründe zur Rechten und zur Linken, vor denen Paulus warnt, die er leidenschaftlich bekämpft und denen gegenüber er immer aufs Neue den gekreuzigten Christus ausmalt (Gal 3,1; 1Kor 1,23).

„Lasst euch nicht abbringen von der Hoffnung des Evangeliums, das ihr gehört habt" (Kol 1,23), ruft Paulus seinen

Gemeinden unermüdlich zu. Denn es wird der Tag kommen, „wann Gott das Verborgene der Menschen richten wird nach meinem Evangelium durch Jesus Christus" (Röm 2,16).

Der Begriff heute
Evangelium in unserem Sprachgebrauch

In die deutsche Umgangssprache hat das Wort „Evangelium" kaum Eingang gefunden. Wenn überhaupt, dann wird es im Zusammenhang mit Leichtgläubigkeit gebraucht: „Das musst du nicht gleich für das Evangelium halten", sagen wir gelegentlich, wenn wir einen anderen wieder „auf den Boden der Tatsachen" holen wollen. Dass das Wort „Evangelium" heute so selten vorkommt und nur in diesem Zusammenhang gebraucht wird, ist nicht unbedingt negativ zu sehen und hat seinen Sinn. Denn wichtiger als der Gebrauch des Wortes ist, dass der Inhalt, die Sache selbst zu Wort kommt. Wenn ich morgens die Zeitung aus dem Postkasten hole, dann interessiert mich nicht die Tatsache, dass es eine Zeitung gibt, sondern der Inhalt. Ich lese nicht die Zeitung um der Zeitung willen, sondern weil ich wissen will, was es Neues gibt. So ist das auch hier: Der Begriff tut es nicht, wenn nur der Inhalt bekannt gemacht wird. Auch im NT kommt der Begriff „Evangelium" ja nicht überall vor (in den johanneischen Schriften fehlt er ganz); vom Kommen Jesu Christi lesen wir aber auf jeder Seite.

Und dass wir vor Leichtgläubigkeit warnen und dabei die genannte Wendung gebrauchen, schadet nichts. Es ist schon gut, nicht alles „gleich für das Evangelium zu halten". „Prüfet aber alles, und das Gute behaltet", hat schon der Apostel Paulus vor 2000 Jahren geschrieben (1Thess 5,21). Es gibt wirklich nur ein Evangelium, und alles, was sich daneben breit macht, sollte daran gemessen werden. Es gibt nur eine wichtige, froh machende, gute Nachricht, die die Welt braucht: Die gute Nachricht, dass Gott seinen Sohn Jesus Christus in die Welt gesandt hat (Joh 3,16).

Evangelium und Evangelien

Zumindest missverständlich begegnet uns das Wort „Evangelium", wenn wir uns in der kirchlichen Landschaft umschauen. Wir kennen da die Bezeichnung „Evangelien" und haben sofort – siehe oben – bestimmte Bücher des Neuen Testaments im Blick. Dazu muss aber gesagt werden, dass „das Evangelium seiner ursprünglichen Bedeutung nach ein unliterarischer Begriff ist" (G. Bornkamm). Das Evangelium, die eine gute Nachricht, lässt sich eigentlich nicht zergliedern in „Evangelien". Darum heißt es in unseren Bibeln immer noch völlig zu Recht in der Einzahl: „Das Evangelium nach Matthäus" etc. Das Evangelium ist seinem Ursprung nach mündliche Mitteilung der Nachricht: „Euch ist heute der Heiland geboren" (Lk 2,11). Im Evangelium kommt der Heiland selbst zu uns. Darum ist alles Schriftliche nur Notbehelf. Was da zu lesen ist, will verkündigt werden. „Evangelion … ist eygentlich nicht das, was ynn büchern stehet und ynn buchstaben verfasset wirtt, sondernn mehr eyne mundliche predigt und lebendig wortt, und eyn stym, die da ynn die gantz wellt erschallet und öffentlich wirt außgeschryen, das mans überal höret" (Luther, WA XII, 259).

evangelisch – katholisch – orthodox

Ebenso missverständlich geht es in der kirchlichen Sprachregelung zu, wenn evangelisch und katholisch, evangelisch und orthodox einander gegenübergestellt werden. Aus der Bezeichnung einer bestimmten Konfession darf keine Abgrenzung in dem Sinne werden, als habe nur die evangelische Kirche das Evangelium bei sich. Wenn die Kirchen der Reformation diese Bezeichnung gefunden haben (zuerst bei Luther, 1520) und heute verwenden, dann wollen sie ausdrücken, dass sie allein der Schrift, allein dem Evangelium verpflichtet sind. Reformation war keine neue Lehre, sondern Rückbesinnung auf das Evangelium.

Heute dient der Begriff „evangelisch" nur der Kennzeichnung einer christlichen Konfession. Wie evangelisch evangelische Christen sind, hängt nicht an ihrem „ev." auf der Lohnsteuerkarte oder auf dem Taufschein. Es hängt allein an ihrem Glauben an Jesus Christus. Und dies gilt für evangelische, katholische, orthodoxe Christen, ja für die Christenheit insgesamt!

_____ Evangelium und Evangelisation

Ein neues Wort hat sich aus dem Wort Evangelium (genauer: aus dem griech. *euangelizestai*) herausgebildet, nämlich das Wort „Evangelisation". Es ist erst etwa 180 Jahre im kirchlichen Sprachschatz, eine ziemlich späte Markierung dessen, was zu allen Zeiten der Kirche eine zentrale Rolle spielte. Evangelisation als Aufgabe der ganzen Christenheit in Deutschland ist heute anerkannter als früher und trotzdem noch ein umstrittenes Wort: Bei den einen steht sie hoch in Ehren und beschreibt die große Aufgabe, denen, die noch nicht oder nicht mehr an Jesus Christus glauben, das Evangelium mit dem Ziel zu verkündigen, dass sie es als Einladung zum Glauben an eben diesen Jesus verstehen. In einer Zeit, in der fast 30 Millionen Menschen in Deutschland keiner christlichen Gruppierung mehr verbunden sind, ist diese Aufgabe in ihrem Gewicht überhaupt nicht zu unterschätzen.. Auf der anderen Seite aber gibt es immer wieder Kritiker, die unter „Evangelisation" eine bestimmte Predigt verstehen, die die Bekehrung des Einzelnen zum Ziel hat, die sozialen Belange aber außer Acht lässt. Damit verbunden wird dann auch befürchtet, dass Evangelisation an der Gemeinde vorbeiläuft und dass sie Methoden gebraucht, die mehr mit Drängelei als mit einer Bitte zu tun haben.

Die „Evangelisation" sollte endlich aus dem Kreuzfeuer der Kritik herauskommen, weil sie nach Wort und Inhalt genau das Richtige trifft: Evangelisation ist Evangelium in Aktion. Wo evangelisiert wird, wird gepredigt, wird der Name Jesu ausgerufen, wird – allerdings sehr konkret – zum Glauben an Jesus eingeladen. Gerade die sind angesprochen, die die Kirche nicht oder nicht mehr erreicht. Und wo evangelisiert wird, kommt auch die Not der Welt zur Sprache, so wie Jesus selbst gepredigt und geheilt hat. Diakonie und Evangelisation gehören untrennbar zusammen, wie auch Evangelisation nur dann verantwortlich zum Zuge kommt, wenn die Gemeinde Trägerin der Evangelisation ist. Im Zusammenhang der EKD-Synode 1999 war davon die Rede, dass wir als Christenheit in Deutschland eine „Zweckgemeinschaft Evangelisation" brauchen. Dies ist in der Tat das Gebot der Stunde.

Die vier Evangelien

Wir bewegen uns jetzt direkt auf die Schriften des Neuen Testaments zu, die mit dem Evangelium nach Matthäus beginnen. Immer wieder staune ich über die Vielfalt und den Reichtum dieser einzigartigen Schriften, über ihre Unterschiedlichkeit und ihre Einheit. Und immer wieder packt mich eine tiefe Freude über diese Zeugnisse, die auf ganz verschiedene Weise den Weg Jesu durch diese Welt nachzeichnen und ihn dabei reichlich zu Wort kommen lassen. Und gerade die Unterschiedlichkeit der Schriften ist reizvoll; wir entdecken in jeder Schrift einen anderen Zug an Jesus. Und wenn wir diese verschiedenen Nuancen mit einander verbinden, dann ergibt sich ein wundervoll klares Bild von seiner Sendung, seinem Weg und dem Ziel seines Weges.

Denn das ist das Hauptziel dieser vier großen Schriften im Neuen Testament: Alle wollen sie Jesus Christus groß machen, wollen seinen Weg von seinem Ursprung her bis zu seiner Himmelfahrt beschreiben, damit die Nachwelt nun auch schriftlich vor Augen behält, wie Jesus gelebt und gelehrt hat. Seine Herkunft, sein Leben, sein Leiden, sein Sterben und sein Auferstehen sind die Schwerpunkte, die in jedem dieser Evangelientexte zur Sprache gebracht werden. Dabei sei noch einmal unterstrichen, was eben schon gesagt worden ist. Das Schriftliche kann nur eine Art Notbehelf (G. Bornkamm) sein: Ursprünglich wurde das Evangelium mündlich überliefert. Die mündlichen Vorlagen wurden dann ins Schriftliche übertragen, damit das, was von Jesus erzählt wurde, festgehalten werden kann für spätere Generationen. Das Evangelium selbst muss und will immer wieder mündlich verkündigt und bezeugt werden. Aber das Schriftliche hilft, damit wir beim Mündlichen nicht abschweifen und unsere eigenen Themen zum Schwerpunkt machen. Das Schriftliche ist immer wieder der Maßstab für die mündliche Verkündigung.

Die Symbole

Um nun einen ersten Eindruck von der Unterschiedlichkeit und der Einheit der vier Evangelien zu vermitteln, bediene ich mich der vier Symbole, die immer wieder mit den vier Evangelien verbunden worden sind. Sie lassen sich fast in jeder Kirche finden, zumindest in all denen, die an irgendeiner Stelle, meist im Altarbereich, Abbildungen der vier Evangelisten bieten. Nahezu immer werden sie mit den jeweiligen Symbolen gemeinsam dargestellt. Dem Matthäus wird ein geflügelter Mensch, eine Engelsgestalt zugeordnet. Bei Markus finden wir immer den Löwen, Lukas wird mit dem Stier verbunden, bei Johannes steht immer ein Adler. Die vier Symbole stammen aus der Prophetie des Hesekiel (1,10; 10,14) und werden auch in der Offenbarung des Johannes verwendet (4,7). Als vier Gestalten am Thron Gottes werden sie in der Offenbarung gedeutet, sie gehören ganz zu Gott, weisen auf ihn hin, geben ihm die Ehre.

Schon im vierten Jahrhundert (bei Hieronymus) werden die vier Evangelien mit diesen vier Symbolen verbunden. Dabei ist die Menschen- bzw. Engelsgestalt bei Matthäus ein Hinweis auf Jesu Menschsein (siehe den Stammbaum), aber eventuell auch Hinweis auf den Engel, der bei der Geburt Jesu (Mt 2,1ff) erscheint und auch später wichtige prophetische Aufgaben wahrnimmt. Der Löwe, der mit Markus verbunden wird, ist ein Hinweis auf die Täufergeschichte gleich am Anfang des

Evangeliums. Das Wüstentier, der Löwe, wird in Verbindung gesetzt zu Johannes, der in der Wüste die Buße predigt. Die Stiergestalt bei Lukas soll die Verbindung herstellen zum Geschehen in Lk 1, wo Zacharias als Priester im Tempel arbeitet und Gott Opfer darbringt. Schließlich ist der Adler im Johannes-Evangelium ein Hinweis auf die Herrlichkeit Gottes, die sich schon im 1. Kapitel des Evangeliums zeigt. Der Adler soll den schärfsten Blick haben und das einzige Tier sein, das in die Sonne schauen kann. So eignet sich dieses Tier gut, um deutlich zu machen, dass Jesus bei Johannes in besonderer Weise die Herrlichkeit Gottes verkörpert und einen klaren, scharfen Blick wirft auf die Wirklichkeit der Welt und der Menschen darin.

Ausgesprochen spannend war vor Jahren auch der Hinweis für mich, dass im Mittelalter und auch noch später in Deutschland Kneipennamen, also Namen von Gasthöfen mit den Symbolen der Evangelisten verbunden worden sind und dass man sie teilweise auch noch heute findet. Denn natürlich haben viele von uns schon einmal einen Gasthof zum Adler oder auch zum Löwen, zum Lamm oder zum Ochsen gesehen und darin ein Essen eingenommen. Und irgendwo ist mir auch schon ein Gasthof zum Engel begegnet. Im Mittelalter gab es, so wurde mir übermittelt, in den Dörfern und Städten um die jeweilige Kirche herum zumeist vier Gasthöfe, die dann eben diese vier Symbole in ihrem Namen führten. Und es ist sicher nicht ganz abwegig, wenn wir vermuten, dass zu damaligen Zeiten viele Männer zur Gottesdienstzeit solche „evangeliumsbezogenen" Gasthöfe besuchten, um damit jedenfalls ein klein wenig am Gottesdienst beteiligt zu sein und das schlechte Gewissen zu beruhigen. Vielleicht sind sie ja dann zum Segen am Schluss des Gottesdienstes in die Kirche gegangen … Jedenfalls finden wir auch noch heute überall Gasthöfe mit diesen Namen und können uns eine Vorstellung davon machen, wie stark die christliche Tradition damals bestimmend war.

Alttesta-mentlicher Bezug (Verheißung)	**Matthäus**	**Markus**	**Lukas**	**Johannes**	Offenbarung Johannes (Vollendung)
Hesekiel 1,10; 10,14	Engel (Mensch)	Löwe	Stier (Lamm; Ochse)	Adler	Offenbarung 4,7

Matthäus – Markus – Lukas: Die synoptische Frage

Wer sich nun speziell mit den ersten drei Evangelien näher be-schäftigt, kommt um eine Frage nicht herum: Es ist beim Le-sen dieser drei Schriften sofort erkennbar, dass sie große Ähn-lichkeiten haben, trotz aller Eigenständigkeit. Z. T. ist die Ähn-lichkeit so groß, dass von literarischer Abhängigkeit gespro-chen werden muss. Einige Abschnitte sind Wort für Wort gleich, nicht nur bei einzelnen Versen, sondern über ganze Abschnitte hinweg. Man spricht bei den ersten drei Evange-lien, also dem Evangelium nach Matthäus, nach Markus und nach Lukas deshalb auch gern von den drei Synoptikern. „Sy-nopse" heißt „Zusammenschau", es muss darum gehen, den Zusammenhang zu sehen, zu schauen, welche Gemeinsam-keiten zu erkennen sind – und welche Unterschiede dann doch wieder auf die Eigenständigkeit des jeweiligen Evange-lientextes hinweisen.

Es ist hier nicht der Ort, die Forschungsgeschichte nachzu-zeichnen. Ich konzentriere mich auf die Ergebnisse, die heute weithin als gesichert gelten, obwohl auch hier immer wieder Fragen entstehen und offen bleiben müssen. Jedenfalls ist es so, dass die theologische Forschung davon ausgeht, dass – nach einer Phase mündlicher Überlieferung – das Markus-Evangelium das älteste der drei Evangelien ist, und dass es Matthäus und Lukas in schriftlicher Form (vielleicht als eine Art „Urmarkus") vorgelegen haben muss. Nur so erklärt sich die große und zumeist wörtliche Übereinstimmung und Ver-wandtschaft. Insbesondere zwischen Markus und Matthäus ist eine große Nähe: Der nahezu gesamte Markus-Stoff findet sich auch bei Matthäus. Zwar folgt das Matthäus-Evangelium durchaus nicht immer der Markus-Fassung, aber in groben Zügen doch und dann auch so deutlich, dass die Verwandtschaft unverkennbar ist.

Daneben gibt es eine weitere Verwandtschaftsebene, und zwar nur zwischen Matthäus und Lukas. Diese beiden Evangelien enthalten also weithin übereinstimmende Texte, die bei Markus nicht zu finden sind. Auch hier ist wieder deutlich eine wörtliche Übereinstimmung festzustellen, so dass auch hier eine literarische Gemeinsamkeit zu vermuten ist. Die neutestamentliche Textforschung nimmt an, dass Matthäus und Lukas neben dem Markustext eine weitere gemeinsame Textquelle benutzt haben. Sie wird mit Q bezeichnet und umfasst Texte, die Matthäus und Lukas und nur sie gemeinsam haben. Speziell sind das Texte, die zumeist nur aus einzelnen Worten und Sätzen bestehen, aus Worten Jesu. Darum wird die Quelle gern Spruchquelle Q genannt.

Daneben enthalten die drei Evangelien je für sich Sondergut, d.h. Extraabschnitte oder auch nur einzelne Worte, die nur sie haben. Das gilt in besonderer Weise für Lukas, aber auch für Matthäus. Das Markus-Evangelium dagegen findet sich bis auf ganz wenige Verse bei Matthäus wieder, wenn auch oft in ganz anderen Zusammenhängen. Markus selbst enthält also nur sehr wenig Sondergut.

Die theologische Wissenschaft spricht in diesem Zusammenhang von der sogenannten Zwei-Quellen-Theorie, um genau das zu bezeichnen, was eben ausgeführt worden ist: Matthäus und Lukas haben zum einen die Markusquelle benutzt, daneben aber auch diese besagte Spruchquelle Q. Eigentlich müsste das Ganze ja Drei-Quellen-Theorie heißen, da ja zumindest Matthäus und Lukas noch eine oder sogar mehrere andere Quellen kennen und nutzen. Nur müssen das keine in sich abgeschlossenen Quellen sein: Jeder kann auf Worte und Texte gestoßen sein, die in seinem Umfeld mündlich überliefert wurden.

Für die Auslegung synoptischer Texte heißt das, dass immer der Vergleich mit berücksichtigt werden muss. Die Frage stellt sich dann, ob der jeweilige Text einzig an dieser Stelle steht oder ob, und dann vor allem wie, er mit der Fassung in einem der anderen Evangelien zusammenpasst. Diese Überlegungen sind auch für die hier vorgelegte bibelkundliche Erfassung des Matthäus-Evangeliums bedeutsam: Jeweils ist zu prüfen, ob sich der zu behandelnde Abschnitt auch bei Markus findet (was in den meisten Fällen der Fall ist) und was die Besonderheit der Fassung des Matthäus gegenüber der des Markus ist. Und auch die Verbindung mit dem Lukas-Evangelium klingt bereits an. Wesentlich ist bei allen Überlegungen der literarischen Abhängigkeit von einander, dass herauskommt, was das besondere Anliegen des Matthäus-Evangeliums ist.

Johannes

Das Johannes-Evangelium hat dagegen nur wenig gemeinsam mit den synoptischen Evangelien. Die größte Ähnlichkeit findet sich in der Passionsgeschichte, da sind die größten Übereinstimmungen zwischen den vier Evangelientexten. Ansonsten gibt es Gemeinsamkeiten nur sporadisch. Wie anders das Johannes-Evangelium aufgebaut ist, zeigt sich schon daran, dass Jesus aus der Sicht dieses Evangeliums zwischen Galiläa und Jerusalem mehrfach hin und her pendelt, während der Weg Jesu bei den Synoptikern streng so ausgerichtet ist, dass er sich zuerst in Galiläa aufhält, dann die Wegstrecke nach Jerusalem zurücklegt, um dann in Jerusalem einzuziehen und dort den Weg des Leidens und Sterbens zu Ende zu gehen.

Einheit und Vielfalt

Was sagt uns dieser Durchgang? Wir sehen, dass die Evangelisten zum einen eine große Nähe zueinander haben, zum anderen aber auch ganz eigenständig zu sehen sind. Alle vier haben ihre Geschichte mit Jesus und mit seiner jungen Gemeinde. Dabei findet sich Ähnliches bei ihnen, aber auch sehr Unterschiedliches. Sie haben alle den Blick auf Jesus, die Mitte, gerichtet. Aber sie haben einen unterschiedlichen Blickwinkel. Das macht die Überraschung aus, wenn wir an die Evangelien herangehen. Es wird nie langweilig. Hier haben Menschen Nachrichten über Jesus zusammengestellt, die in ihrer Vielfalt großartig sind, in ihrer Einheit aber noch überzeugender. Wenn ich es in Kurzform und in aller Vorläufigkeit sagen soll, dann kommt heraus:
– Markus sagt, was Jesus tut.
– Matthäus ist daran interessiert, was Jesus lehrt.
– Lukas vermittelt uns, für wen Jesus da ist, wen er meint und
– Johannes streicht heraus, wer Jesus ist.

Die Mitte aber ist, dass sie alle Jesus und seine Bedeutsamkeit hervorheben, nur eben jeder auf seine Weise.

Matthäus	Markus	Lukas	Johannes
Was Jesus lehrt	Was Jesus tut	Wen Jesus meint	Wer Jesus ist

Einführung in das Matthäus-Evangelium

Mit dem Evangelium nach Matthäus beginnt das Neue Testament. Das Matthäus-Evangelium ist sozusagen die Einlasstür zum Neuen Testament, die Brücke zwischen den Testamenten, stark geprägt vom Reichtum des Alten Testaments und ganz erfüllt vom Glanz des Neuen Testaments. Dass dieses und kein anderes Evangelium an den Anfang des Neuen Testaments gestellt worden ist, zeigt seine hohe Bedeutung an, die es von Anfang an in der Kirche gehabt hat, und das bis heute.

Es sind aber auch handfeste Gründe, die die Christen vor fast zwei Jahrtausenden bewegt haben, dieses Evangelium hierher zu stellen. Das Matthäus-Evangelium ist wie kein anderes voll von alttestamentlichen Zusammenhängen; allein in den ersten beiden Kapiteln findet sich eine Fülle alttestamentlicher Zitate, die darauf hinweisen, dass Jesus, der da gekommen ist, der ist, der vor Jahrhunderten schon als Messias Israels angekündigt worden war. Es gibt kein anderes Evangelium, das derart klar die Brücke schlägt zwischen den Testamenten. Hinzu kommt, dass Jesus im Matthäus-Evangelium offenbar als eine Art neuer Mose, als neuer Lehrer Israels beschrieben wird. Dafür sprechen die fünf großen Reden Jesu in diesem Evangelium, auf die noch einzugehen ist und die möglicherweise als neutestamentliche Entsprechung der fünf Bücher Mose aus dem Alten Testament gedacht waren. Dafür spricht auch die gründliche Auseinandersetzung mit dem jüdischen Gesetz, die nur im Matthäus-Evangelium so zu finden ist, insbesondere in der Bergpredigt. Also: Es gab gute Gründe, dieses Evangelium an den Anfang der vier Evangelien und damit an den Anfang des ganzen Neuen Testaments zu stellen. Es ist die Einlasstür zum Neuen Testament.

Der äußere Eindruck

Im Vergleich zu den drei anderen Evangelien, die wir im Neuen Testament finden, ist das Matthäus-Evangelium das längste und ausführlichste. Das liegt im Wesentlichen daran, dass sich in diesem Evangelium fünf große Reden Jesu finden, die auch entsprechend als abgeschlossene Reden gekennzeichnet sind. Weitere kleinere Redeblöcke tun ein Übriges. Allein die fünf großen Reden machen 8 Kapitel des Evangeliums aus, alle Reden zusammen genommen prägen 11 Kapitel. Wenn man demgegenüber vor Augen hat, dass das Markus-Evangelium mit seinen 16 Kapiteln den Akzent stark auf die Taten Jesu legt und dass sich der Inhalt des Markus-Evangeliums bei Matthäus nahezu vollständig wiederfindet, dann erklärt sich die Länge des Matthäus-Evangeliums mit 28 Kapiteln durchaus: Matthäus hat bei der Zusammenstellung des Evangeliums die Beschreibung der Taten Jesu selbstverständlich aufgenommen und eigenständig verarbeitet; fast wichtiger aber war ihm die Zusammenstellung der Reden Jesu. So will Markus in seinem Evangelium Jesu Taten herausstreichen, Matthäus dagegen Jesu Lehre.

Die fünf großen Redeblöcke

Thema	Fundort	Rahmen
Bergpredigt	5-7	5,1f und 7,28f
Aussendungsrede	10	10,5 und 11,1
Gleichnisrede	13	13,3 und 13,53
Jüngerrede	18	18,2 und 19,1
Endzeitrede	24-25	24,1 und 26,1

Theologische Schwerpunkte

Das Matthäus-Evangelium hat einen ausgesprochenen Lehr-charakter. Vieles an Aussagen in diesem Buch lässt sich darunter fassen. Wahrscheinlich noch sinnvoller ist es, wenn wir uns die theologische Eigenart des Evangeliums dadurch klarmachen, dass wir den sogenannten Missionsbefehl, der sich in Mt 28,18-20 findet, zur Sprache bringen. Er enthält nicht nur den bekannten Aufruf zur Mission, er ist auch sozusagen eine nachgereichte Inhaltsangabe für das ganze Evangelium. Alle theologischen Themen des Evangeliums lassen sich anhand der einzelnen Aussagen aus Mt 28,18-20 abrufen.

„Mir ist gegeben alle Gewalt im Himmel und auf Erden."

Das Matthäus-Evangelium ist voll von Taten Jesu, die seine Kraft und Vollmacht zeigen. Es ist aber auch voll von Hoheitstiteln, d.h. von Bezeichnungen Jesu, die ihn herausheben aus dem Menschengeschlecht und ihn als den einzigartigen Gottessohn erweisen. An mehreren Stellen wird darauf hingewiesen, dass Jesus der **Messias** ist, der Christus, der Gesalbte, der schon im Alten Testament angekündigt und jetzt gekommen ist (1,1.17.18; 1,22ff; 11,1-6 u. a.).

Weiter wird er als **Sohn Gottes** beschrieben. Dies zeigt sich schon in der Geburtsgeschichte in 1,22ff, aber auch in dem Bericht von der Taufe Jesu in Mt 3,16-17 (vgl. auch 17,5). Ebenso wird betont, dass Jesus der **König Israels** ist (2,6). Er ist damit auch der, der an das Königreich Davids anknüpft , ja, der es weiterführt und zur Vollendung bringt. Deshalb wird Jesus auch an verschiedenen Stellen als **Davids Sohn** beschrieben (21,9 u. a.).

Mit alledem wird Jesu Einzigartigkeit vielstimmig beschrieben. Und das sagt er auch selbst, als er nämlich die Jünger auffordert, die Menschen einzuladen, dass sie seine, Jesu Jünger werden (28,18f): „Mir ist gegeben alle Gewalt im Himmel und auf Erden", ruft er ihnen zu. Er wird sich durchsetzen. Er behält das letzte Wort. Für seine Gemeinde bedeutet dieses Wort einen großen Trost: Auch in Verfolgungen kann sie wissen, dass Jesus Christus, der einzigartige Herr, zu ihr hält und ihr durchhilft, was auch immer ihr geschehen mag.

„Darum gehet hin und machet zu Jüngern alle Völker"

Das Matthäus-Evangelium hat von Anfang an eine weltweite Perspektive. Das wird schon in Kapitel 2 erkennbar, bei der Geschichte von den Weisen aus dem Morgenland (2,1-12). Das sehen wir ebenso in dem hier besonders herausgehobenen Missionsbefehl am Schluss des Evangeliums. Es spiegelt sich aber auch in den Kapiteln dazwischen. Besonders erwähnenswert ist dabei die Geschichte vom Hauptmann von Kapernaum (8,3-17). Hier sagt Jesus, dass „viele kommen werden von Osten und von Westen und mit Abraham und Isaak und Jakob im Himmelreich zu Tisch sitzen" (V.11). Schließlich weisen verschiedene Gleichnisse darauf hin, dass die eigentlichen Adressaten der Botschaft Jesu, das Volk Israel, seine Sendung zwar ablehnen, dass aber die Völker der Welt sich für ihn und seine Botschaft öffnen (vgl. den Bericht über die kanaanäische Frau (15,21-28) und die drei aufeinander folgenden Gleichnisse (21;28ff; 21,33ff; 22,1ff).

Damit wird deutlich, dass das Evangelium nach Matthäus weit über die Grenzen Israels hinausweist und auf die Völkerkirche ausgerichtet ist. Ebenso sind die Jünger Jesu, ist seine Gemeinde gerufen, diesen großen weltweiten Horizont zu sehen und ihn zu gestalten. Das Matthäus-Evangelium hat eine deutlich missionarische Struktur, genauer gesagt, eine Geh-Struktur hin zu den Menschen, die Jesus erreichen will. Damit befindet sich Matthäus in einer großen Nähe zum Lukas-Evangelium und zur Botschaft des Apostels Paulus.

„Machet (sie) zu Jüngern ... und taufet sie auf den Namen des Vaters und des Sohnes und des Heiligen Geistes"

Deutlich wird noch einmal: Das Matthäus-Evangelium hat missionarischen Charakter. In diesem Teil des Missionsbefehls in Mt 28 wird aber deutlich, dass es nicht nur einfach um eine Art Bewegung hin zu den Menschen geht, damit sie etwas von Jesus erfahren. Jüngerinnen und Jünger sollen sie werden, Gemeindeglieder, die sich auf den dreieinigen Gott taufen lassen und die ein verbindliches Gemeindeleben praktizieren.

Wenn es stimmt, dass Mt 28,19-20 eine Art Summe der theologischen Schwerpunkte des ganzen Evangeliums ist, dann muss sich auch diese Aussage in den einzelnen Kapiteln spiegeln. Und das ist in der Tat der Fall. Schon Adolf von Harnack hat vor vielen Jahren betont, dass das Matthäus-Evangelium als „Gemeindebuch" konzipiert worden ist. In keinem Evangelium sonst ist die Gemeinde so stark Subjekt wie hier. Die Bergpredigt in den Kapiteln 5-7 lässt sich sehr gut und treffend als Jüngerrede auslegen, die deutlich macht, was eine Gemeinde in der Nachfolge Jesu ausmacht. Ein weiterer Redeblock mit Worten Jesu im Matthäus-Evangelium ist ganz der Gemeinde gewidmet: Das große Kapitel 18 enthält zu diesem Thema viel Konkretes, insbesondere (ab V.15) auch Regeln zum Umgang miteinander in Konflikt- und Krisensituationen sowie eine Kurzbeschreibung, wo und wann Gemeinde anfängt, nämlich dann, wenn zwei oder drei im Namen Jesu beieinander sind. Da, so heißt es in Mt 18,20, ist Jesus unter ihnen. Da eröffnet er Gemeinschaft mit seiner Gemeinde. Daneben steht das große Kapitel 16 mit den berühmten Grundaussagen zur Gemeinde (16,13-20), die ja insbesondere die katholische Kirche aus Wurzelaussage für ihre Kirchengestalt gedeutet hat.

Was aber bei Matthäus auch stark heraustritt, ist die Betonung der leidenden Gemeinde. Jesus erscheint hier als der, der Verfolgungen kommen sieht und die Gemeinde vorweg trösten will (5,10ff; 10,16-42).

Insgesamt ist es genauso, wie es Adolf von Harnack schon vor über 100 Jahren gesagt hat: Dieses Evangelium ist ein ausgesprochenes Gemeindebuch, in dem man ein Leben lang lernen kann, was Gemeinde ist. Nicht umsonst sind Kommunitäten und Ordensgemeinschaften in unserer Kirche Jahr für Jahr bemüht, durch Lesung der einzelnen Kapitel dieses Evangeliums den Weg ihrer Vereinigung, aber auch den Weg unserer Kirche besser zu verstehen und es noch besser zu lernen, Jesus als Gemeinde nachzufolgen.

„Lehret sie halten alles,
was ich euch befohlen habe"

Auch dieser Aspekt findet sich reichlich im Matthäus-Evangelium. Es hat durch und durch einen sittlich-strengen, manchmal auch asketischen Zug. Auch dies ist ein Grund dafür, dass dieses Evangelium in verbindlichen christlichen Gemeinschaften stark im Mittelpunkt steht. Hier geht es wirklich rigoros um eine klare und eindeutige christliche Lebensführung. Wieder steht die Bergpredigt im Mittelpunkt: Die Kapitel 5-7 des Evangeliums stellen insbesondere mit ihren Antithesen (5,21-48), ihren Ausführungen zum Gesetz (5,17-20) und ihrer Ausrichtung auf die Gerechtigkeit (6,33) klare Leitsätze zum christlichen Verhalten auf. Dies wird u. a. auch in Kapitel 25 aufgenommen, wo es um die Gleichnisse von den zehn Jungfrauen (25,1-13), von den anvertrauten Pfunden (25,14-30) und um die Rede vom Weltgericht (25,31.46) geht. Hier wie dort legt Jesus großen Wert auf ein Verhalten, das seinem eigenen Lebensstil und seiner Einweisung in rechte Nachfolge (16,24-28) entspricht.

Wenn auch die Glaubensgewissheit im Matthäus-Evangelium ähnlich stark in Christus verankert ist wie z.B. bei Paulus, so bleibt doch ein gewisser Vorbehalt im Blick auf das Bleiben bei Christus, wenn sich Menschen, die sich Christen nennen, deutlich unchristlich verhalten (vgl. Kapitel 25, das ja für Christen geschrieben ist). Eine deutliche Nähe zum Jakobusbrief lässt sich nicht übersehen, wenn man das Matthäus-

Evangelium liest. Beide Bücher wollen einer gewissen „billigen Gnade"[1] widerstehen, d.h. eine Lebenshaltung, die meint, mit ein bisschen Christsein sei es genug.

„Und siehe, ich bin bei euch alle Tage bis an der Welt Ende"

Was den Schlusspunkt im Matthäus-Evangelium setzt, durchzieht wiederum das ganze Evangelium. Die endzeitliche Ausrichtung lässt sich an vielen Stellen nachweisen. So hat man die Bergpredigt im Ganzen als eine endzeitliche Schrift verstanden, d.h. als eine Botschaft Jesu angesichts des Endes der Zeit, sozusagen als Notstandsverordnung[2]. Wenn in der Bergpredigt Seligpreisungen stehen (5,1ff), dann ist damit natürlich die Jetzt-Zeit gemeint, aber nicht nur sie: Es ist auch das endzeitliche Heil vor Augen. Ähnlich verweist uns die Endzeitrede Jesu in Mt 24 und 25 auf die Verantwortung im jetzigen Leben, trotzdem werden Gericht und ewiges Heil in diesen Kapiteln deutlich vor Augen gestellt. Es ist gut, wenn wir uns auch diesen Bezug im Matthäus-Evangelium klar machen. Er bewahrt uns davor, die Zukunft Gottes und die eigene Zukunft zu verdrängen und befreit uns zu einem verantwortlichen Leben in dieser Zeit. In diesem Sinne ist der Abschluss des Missionsbefehls in Mt 28 auch als ein Trostwort zu verstehen: Auch die Leidenzeit der angefochtenen und verfolgten Gemeinde Jesu wird einmal zu Ende gehen. Und recht behält der, der in der Gegenwart so oft verspottet und missachtet wird, Jesus Christus. Der verlässt seine Gemeinde nicht und führt sie sicher zu seinem Ziel.

---

[1] Der Ausdruck stammt von D. Bonhoeffer. In seiner Schrift „Nachfolge" hat er ihn eingeführt und entfaltet.
[2] Vgl. den Abschnitt zur Einführung der Bergpredigt.

Der Aufbau des Matthäus-Evangeliums mit seinen Besonderheiten

Kapitelangabe	Inhalt	Besonderheiten
1-2	Kindheitsgeschichten	**Kindheitsgeschichte**
3-4	Anfänge des öffentlichen Wirkens	
5-7	Bergpredigt	**Bergpredigt: Rede I**
8-9	Wundergeschichten	
10-11	Aussendungsrede und Beginn der Leiden	**Aussendungsrede: Rede II Täuferrede/Heilandsruf**
12-16	Jesu Auseinandersetzung mit seinen Gegnern	**Beelzebubrede Gleichnisrede: Rede III**
16-20	Leidensankündigungen und Nachfolge	**Petrusbekenntnis Rede über die Bruderpflichten: Rede IV Drei Gleichnisse:** **– Vom verlorenen Schaf** **– Der Schalksknecht** **– Arbeiter im Weinberg**
21-23	Letzte Streitreden und Mahnungen	**Drei Gleichnisse:** **– Von den ungleichen Söhnen** **– Von den bösen Weingärtnern** **– Die königliche Hochzeit (das große Abendmahl)** **Rede gegen die Schriftgelehrten und Pharisäer**
24-25	Endzeitreden	**Endzeitrede: Rede V mit drei Gleichnissen:** **– Vom treuen und vom bösen Knecht** **– Von den klugen und den törichten Jungfrauen** **– Von den anvertrauten Pfunden** **– Rede von der Scheidung im Endgericht**
26-28	Leiden, Tod und Auferstehung Jesu	**Der Tod des Judas Das Grab Jesu – Bewachung und Bestechung Der Missionsbefehl**

Verfasserschaft

Es liegt nahe, beim Verfasser des Evangeliums zunächst an Matthäus, einen aus dem engsten Jüngerkreis zu denken. Von ihm ist im Evangelium selbst an zwei Stellen die Rede (Mt 10,3; 9,9-12). Er ist von Beruf Zöllner gewesen; im Text wird auch noch angegeben, dass er der Sohn eines Alphäus ist. Von diesem Jünger Jesu wissen wir, dass er später in Palästina das Evangelium verkündet hat, dass er dann aber Missionar für die Völker geworden ist, zuerst in Mazedonien und dann in Äthiopien, wo er wahrscheinlich gestorben ist. Er könnte als Augenzeuge des Weges Jesu dessen Reden und Taten zusammengestellt haben. Er könnte notiert haben, was ihm von Jesus noch bewusst war; er könnte darüber hinaus aufgenommen und geordnet haben, was ihm an weiteren Quellen zur Zeit der Abfassung des Evangeliums zur Verfügung stand.

Nun wird diese Meinung von der neueren Forschung überwiegend abgewiesen. Zum einen wird gesagt, dass Matthäus ja große Teile des Markus-Evangeliums aufgenommen hat. Und wenn Markus für viele als Augenzeuge Jesu nicht in Frage kommt, kann das für Matthäus umso weniger gelten. Der Verfasser des Matthäus-Evangeliums muss nach der Überzeugung vieler Neutestamentler jünger sein als Markus. Zum andern wird immer wieder darauf hingewiesen, dass es wohl unmöglich sei, dass ein Zöllner ein geistig so hochstehendes Buch verfasst haben soll, und das noch in griechischer Sprache. Zum dritten wird kritisch angemerkt, dass die Darstellung des Weges Jesu nach Matthäus eher eine systematische als eine biographische sei. Hätte Matthäus als Augenzeuge dieses Evangelium geschrieben, müsste der biographische Aspekt viel deutlicher heraustreten. Schließlich gehen die Neutestamentler zumeist davon aus, dass das Matthäus-Evangelium nach der Tempelzerstörung im Jahre 70 nach Christus geschrieben worden sein muss. Der Jünger Matthäus wäre dann schon in einem biblischen Alter gewesen und wäre damit für die Abfassung dieses Werkes kaum mehr in Frage gekommen.

Dennoch bleiben viele Fragen offen und sind in jüngster Zeit auch wieder neu verhandelt worden[3]. Demnach müssen diese Gegenargumente nicht durchweg stichhaltig sein. Es könnte auch sein, dass ein Späterer die ihm vorliegenden Texte zusammengestellt hat, dass aber wesentliche Texte von eben diesem Jünger Jesu, dem Matthäus, stammen. So formuliert der Tübinger Neutestamentler Peter Stuhlmacher: „Der jüngere Sammler und Redaktor versteht sich als Organon des alten apostolischen Tradenten und sieht darum in ihm den maßgeblichen Autor seines Werkes".[4]

Wir können jedenfalls davon ausgehen, dass der im Evangelium selbst benannte Matthäus eine große Bedeutung für die Abfassung des Buches hatte. Mit Sicherheit war er Judenchrist, d.h. ein Christ mit jüdischem Hintergrund und mit genauer Kenntnis der alttestamentlichen Botschaft. Er wollte das Evangelium seinem Volk Israel nahebringen, hat dann aber schon bald gesehen, dass sich das Volk Israel mit der Annahme dieser Botschaft sehr schwer tat und dass diese Botschaft von Jesus Christus der ganzen Welt gehört.

Zeit und Ort

Die meisten Ausleger sind sich darin einig, dass das Evangelium in der Zeit zwischen 70 und 80 nach Christus abgefasst worden ist. Sie gehen davon aus, dass die historisch klar zu datierende Zerstörung des Jerusalemer Tempels im Jahre 70 bereits zurückliegt (möglicherweise ist Mt 22,7 ein Hinweis darauf). Und wenn die Endfassung des Markus-Evangeliums zwischen den Jahren 60 und 70 anzusetzen ist, müsste das Matthäus-Evangelium jedenfalls in seiner Endfassung etwas später geschrieben worden sein.

---

[3] Vgl. P. Stuhlmacher, Biblische Theologie des Neuen Testaments, Band 2, Göttingen 1999, S. 156ff.
[4] A.a.O. S. 155f

Da der jüdische Hintergrund des Evangeliums mit Händen zu greifen ist, ist davon auszugehen, dass es im Großraum Palästina abgefasst worden ist. Die semitische Ursprache leuchtet hinter dem griechischen Text immer wieder auf. Jüdische Sitten werden als bekannt vorausgesetzt (vgl. 15,2; dagegen Mk 7,38). Jüdische Frömmigkeitsriten werden wie selbstverständlich benannt (5,23f; 6,1ff; 24,20).

Adressat

Mit Sicherheit steht dem Verfasser bereits eine judenchristlich geprägte Gemeinde vor Augen, die sich in den Jahren nach Jesu Weggang entwickelt hat. Überhaupt ist die Gemeinde ständig im Blick, darum wird ja auch das Evangelium zu Recht als eine Art Gemeindebuch angesehen. Aber wie schon gesagt: Konkret wendet sich Matthäus an eine judenchristliche Gemeinde. Sie steht in wachsendem Leidensdruck und wird stark bekämpft von der jüdischen Führerschicht, die im Evangelium in großer Schärfe angegriffen wird. Zugleich sieht Matthäus die Aufgabe, das Evangelium in alle Welt zu tragen. Darum bleibt in diesem Evangelium Israel der Hauptadressat des Evangeliums, die Völkerwelt aber tritt immer stärker ins Zentrum der Verkündigung.

Das Matthäus-Evangelium – der Inhalt

Kindheitsgeschichten
Matthäus 1,1 – 2,23

Ganz anders als das Markus-Evangelium beginnt das Evangelium nach Matthäus. Die ersten beiden Kapitel sind geprägt von Kindheitsgeschichten Jesu, die nur hier bei Matthäus stehen und nirgends sonst im NT. Mit den Kindheitsgeschichten im Lukas-Evangelium (vgl. Lk 1-2) sind sie nicht zu verbinden bzw. zu harmonisieren, auch wenn dies in der Geschichte unserer Kirche wie selbstverständlich vorgenommen worden ist (vgl. verschiedene Kinderbibeln zum „Weihnachtsevangelium").

Insgesamt schildern diese Kindheitsgeschichten, nach einer Auflistung des Stammbaumes Jesu (Mt 1,1-17), Jesu Geburt, seine Huldigung durch die „Weisen aus dem Morgenland" (2,1-12), seine Flucht nach Ägypten auf Grund der drohenden Gefahr durch König Herodes (2,3.7.12.13.16-18) und die Rückkehr (2,19-23). War der Ausgangspunkt Bethlehem gewesen (2,5f), so ist der neue Wohnort der Familie Jesu als Zielpunkt nun Nazareth in Galiläa (2,22f).

Auffällig beim genauen Hinschauen ist sofort die Fülle der sogenannten Reflexionszitate: Von 1,18 an wird jedes geschilderte Geschehen auf das Alte Testament rückbezogen. Schritt für Schritt will Matthäus zeigen, dass sich hier erfüllt, was im Alten Testament verheißen worden ist (vgl. 1,22f; 2,5f; 2,15; 2,17f; 2,23f). Dieses (auch später zu verfolgende) Motiv in der Darstellung des Matthäus weist bereits auf eine Besonderheit dieses Evangeliums hin: Es weiß sich besonders tief verankert in der Botschaft des Alten Testaments. Das Matthäus-Evangelium ist zu Recht als „die Einlasstür zum Neuen Testament" verstanden worden:

Der Autor dieses Evangeliums kommt vom Alten Testament her und macht uns die Tür ins Neue Testament hinein auf. Die Verbindung der Testamente miteinander kommt in Mt 1-2 in aller Deutlichkeit heraus. Es kann auch davon ausgegangen werden, dass die Leser des Matthäus-Evangeliums ebenso in der alttestamentlichen Botschaft verwurzelt waren wie der Evangelist selbst.

Wie tief Matthäus die Geschichte Jesu Christi im Alten Testament eingewurzelt sieht, lässt sich am Stammbaum erkennen, den er dem Evangelium voranstellt (1,1-17). Gleich am Anfang macht er deutlich, wer Jesus ist: Der Sohn Davids, der Sohn Abrahams (1,1). Entsprechend ist der Stammbaum angeordnet. Zunächst wird (in 14 Gliedern) der Weg von Abraham bis David gezeichnet (1,2-6), anschließend der Weg von David bis zur Wegführung nach Babylon (1,7-11; wiederum in 14 Gliedern). Schließlich wird der Weg bis zu Jesus Christus gebahnt, wiederum in 14 Gliedern (wobei die offensichtliche Zahlensymbolik 3x14, die Matthäus ja ganz bewusst vor Augen hat, nicht ganz aufgeht). Insgesamt will Matthäus deutlich vor Augen stellen, dass die Wurzeln Jesu tief in der Geschichte Gottes mit seinem Volk Israel liegen, mit anderen Worten, dass Gottes Heilsgeschichte mit seinem Volk mit Abraham begonnen und über David zu Christus geführt hat. Alle Verheißungen Gottes im Blick auf sein Volk sind in Christus erfüllt.

Der Stammbaum lehrt aber noch ein Weiteres: Vier Frauen werden erwähnt (Tamar, Rahab, Ruth, Batseba), andere, die ja eigentlich hätten erwähnt werden müssen, nämlich Sarah, Rebekka, Lea und andere nicht. Zwei Gründe lassen sich nennen – und lassen wichtige Aspekte erkennen:

Zum einen werden alle vier genannten Frauen im AT zu Recht oder zu Unrecht der Unzucht bezichtigt (1Mo 38,14-18; Jos 2,1; 2Sam 11,1-5; Rut 3,7-15). Zumindest Rahab und Batseba erscheinen in diesem Stammbaum wie Fremdkörper, „dunkle Punkte", die den edlen Gesamteindruck stören. Aber offensichtlich hat Matthäus genau dies sagen wollen: Der

Stammbaum Jesu, der so stark Gottes Heilsgeschichte spiegelt, verschweigt nicht, dass es da auch Schuld und Versagen gegeben hat. Gottes Weg durch die Geschichte ist immer auch der Weg durch menschliche Schuldgeschichte, die nicht ausgeblendet werden soll. Neben diesen Frauen, die zumindest teilweise dunkle Punkte markieren, stehen ja auch die Männer, bei deren Namensnennung der Leser schon erblassen musste, so sehr hatten sie sich ja vor Gott versündigt (vgl. nur Manasse und Amon, deren Unheilsgeschichte in 2Kön 21 nachzulesen ist).

Zum anderen sind die vier genannten Frauen ja alle Ausländerinnen gewesen; Batseba ist zumindest durch ihren Mann, den „Hethiter Uria" (vgl. 2Sam 11,6), Ausländerin geworden. Damit will Matthäus wohl schon hier ansprechen, was ihm im Folgenden immer wieder wichtig zu sagen ist: Gottes Heilsgeschichte ist auf Israel ausgerichtet, aber von da aus auch auf alle Völker. Allen Völkern gilt Gottes Heil, das wird das Evangelium nach Matthäus immer wieder zeigen.

Schließlich spiegelt der Stammbaum Jesu nach Matthäus noch eine weitere für Matthäus wesentliche Aussage. Jesus Christus selbst ist nicht von einem Mann gezeugt worden, so heißt es deutlich in Mt 1,16 (vgl. auch Mt 1,18ff). Zwar gibt es auch Varianten in den Handschriften, die über die Jahrhunderte hinweg im Mittelmeerraum zu Mt 1,16 gefunden worden sind (vgl. die Anmerkung zu unserer Stelle z. B. in der Zürcher Bibel). Dennoch lässt sich nicht übersehen, dass Matthäus – ähnlich wie Lukas – die sogenannte Jungfrauengeburt Jesu betont (Markus, Johannes und auch Paulus schweigen zu diesem Thema, haben es womöglich auch gar nicht im Blick, vgl. z.B. Gal 4,4). Dahinter steht die Überzeugung, dass der, der von Gott selbst zu den Menschen gekommen ist, nicht auf menschliche Weise gezeugt worden sein kann. Maria „war vom Heiligen Geist schwanger", bezeugt Matthäus in 1,18. Die Aussage der Jungfrauengeburt, die ja auch Eingang in unser Glaubensbekenntnis gefunden hat, ist als Glaubensaussage zu verstehen: Die Gemeinde sieht in Jesus Christus den „wahren Gott", den von Gott gesandten und gekommenen Herrn der Welt (vgl. Mt 28,18).

Die Bedeutung des Josef ist damit nicht abgewertet. Nach damaliger Rechtslage war „nicht die biologische Abstammung, sondern die rechtliche Anerkennung entscheidend" (E. Schweizer zu 1,16). Indem sich Josef als Verlobter (die Verlobung war damals der „entscheidende Rechtsakt" für die Ehe (E. Schweizer, ebd.) zu Maria stellte, stellte er sich auch zu Jesus als seinem Sohn (1,20 ff). Josef gehörte so auch völlig legitim in den Stammbaum Jesu hinein.

Entscheidend ist in Mt 1-2 der zweite Abschnitt (1,18-25), aus dem hervorgeht, wer Jesus ist und welche besondere Sendung er hat. Ganz deutlich wird Jesus hier als der verheißene Messias beschrieben. Die große Jesajaverheißung (Jes 7,14; 8,8.10) findet in Jesus ihre Erfüllung. Sofort wird allerdings auch deutlich, dass Jesus nicht kommen wird, um das Großreich Davids wiederherzustellen und die Römer aus dem Land zu treiben. „Er wird sein Volk erretten von ihren Sünden", heißt es in Mt 1,21. Er ist der Messias der inneren Erneuerung, der Stifter einer neuen Gottesbeziehung, er ist der, der Rettung aus der Verlorenheit bringt und die Herrschaft Gottes heraufführt.

Dass Jesus dieser Sendung durch Gott entsprechen will und wird, heißt aber noch lange nicht, dass er damit vor dem oben angedeuteten Missverständnis bewahrt bleibt! Der König Herodes jedenfalls betrachtet ihn sofort als gefährlichen Konkurrenten, den es wegzuschaffen gilt (2,3.7f; 2,13.16ff). Er fürchtet um seine Macht und will ein mögliches Einlösen alter Großreichhoffnungen unter der Herrschaft eines anderen im Keim ersticken. So wird nach Mt 1-2 Jesus kaum, dass er geboren ist. Der kommende Messias, Davids Sohn, kommt nicht als strahlender Held. Sein Weg geht ins Leiden und Sterben hinein. So ist die Kindheitsgeschichte Jesu schon in die dunklen Töne der Passion getaucht.

Auffällig ist hier im Übrigen, wie der schwere Weg Jesu deutlich an den Weg des Mose in 2Mo 1-3 erinnert. Offenbar will Matthäus schon hier ansprechen, was ihm später wichtig sein wird: Jesus ist der Lehrer Israels, der Rabbi, der das Gesetz des Mose kennt und vollmächtig auslegt. Er ist der „neue Mose".

Mittendrin in Mt 1-2 stehen aber die hellen Worte von der Sendung Jesu (1,21ff). Ganz hell wird's auch in 2,1ff; wo der Weg der Weisen nach Bethlehem beschrieben wird (2,10!). Da lässt Matthäus wieder anklingen, was beim Stammbaum schon angedeutet war: Die Gemeinde Jesu Christi ist die Kirche aus den Völkern. Kaum dass Jesus geboren ist, kommen schon die Anbeter aus fernen Ländern, während in der Nähe noch alles schweigt (2,3).

Schließlich ist in Mt 1-2 das sogenannte Engelmotiv unverkennbar: Die kleine Familie Jesu, in der besonders Josef (anders als im Lukas-Evangelium!) Verantwortung übernimmt, wird geführt, bewahrt, getragen durch das ständige, stille und doch deutliche Auftreten des Engels, der den Weg weist (vgl. 1,20.24; 2,12; 2,13; 2,19; 2,22). So ist immer wieder genug Licht da in der oft totalen Finsternis, genug Licht für den nächsten Schritt.

1,1-17	Der Stammbaum Jesu	Die leibliche Herkunft
1,18-25	Die Geburt Jesu	Der geistliche Ursprung
2,1-12	Die Weisen aus dem Morgenland	Anbetung durch die Heiden
2,13-15	Die Flucht nach Ägypten	
2,16-18	Der Kindermord in Bethlehem	Ablehnung und Verfolgung durch Herodes
2,19-23	Die Rückkehr aus Ägypten	Rahmen für das Auftreten Jesu

Merkverse: 1,21; 2,10

_____ F r a g e n :

Es wurde deutlich, dass das Matthäus-Evangelium tief im Alten Testament verwurzelt ist. Wie ist unsere eigene Sicht des AT? Wie haben wir es bisher gesehen, und was lernen wir aus

Matthäus 1-2 (insbesondere am Stammbaum und an den Reflexionszitaten)?

– Welche Sicht haben wir von der Jungfrauengeburt Jesu? Wir sprechen darüber anhand von Mt 1,16 – 2,18 und Lk 1,26-38.

– Sicher sind nicht jedem von uns Engel des Nachts erschienen, um uns einen Rat zu geben. Und doch gibt es immer wieder auf dem Weg des Lebens Zeichen der Bewahrung und Führung Gottes. Wir benennen solche Wegmarkierungen und berichten sie einander.

– Sehr markant wird in Mt 1,21 Jesu Sendung beschrieben. Wie haben wir Jesus bisher gesehen, und was lehrt uns diese Aussage in Mt 1,21?

Die Anfänge Jesu
Matthäus 3 – 4

Bei Matthäus 3-4 stehen wir vor den ersten Berichten über die Wirksamkeit Jesu. Am Anfang steht Johannes der Täufer, der deutlich als Wegbereiter Jesu heraustritt. Dem folgt der Bericht von der Taufe Jesu, in der deutlich wird, dass Jesus der Sohn Gottes ist. Gott selbst legitimiert ihn als diesen, er erspart ihm aber nicht, dass der Teufel ihn, den Sohn Gottes, in die Wüste führt. Ausführlich schildert Matthäus die Versuchung Jesu, um anschließend zu erzählen, was Jesu erste Predigtworte waren, wo und wie er seine Antrittspredigt gehalten hat. Und noch etwas steht in diesen beiden Kapiteln: Jesus beruft seine ersten Jünger. Hier schon wird deutlich, dass das Evangelium unter die Leute soll, dass Jesus mit seiner Person und seinem Tun Menschen beruft und in Dienst nimmt, damit sie für andere Menschenfischer werden. Das hat er immer wieder getan seitdem, und das tut er auch noch heute.

3,1-12	Ankündigung Jesu	Johannes der Täufer	*Taufpredigt des Johannes*
3,13-17	Legitimation Jesu	Taufe Jesu	*Johannes und Jesus bei der Taufe*
4,1-11	Bewährungsprobe Jesu	Versuchung Jesu	*Ausgeführte Versuchungs- geschichte*
4,12-17	Antrittspredigt Jesu	Jesus in Galiläa	*Ausführliche Ortsbeschrei- bung*
4,18-22	Jesu Ruf in die Nachfolge	Erste Jüngerberufungen	
4,23-25	Wirkung und Wirken Jesu	Summarium	*4,23 Rahmen für die Abschnitte 5- 7 und 8-9; vgl. 9,35*

Wer das Markus-Evangelium kennt, wird gesehen haben, dass wir mit Mt 3 - 4 auf schon vertraute Geleise zurückkommen: Mt 3 - 4 entspricht dem ersten Abschnitt des Markus-Evangeliums, nämlich dem Abschnitt 1,1-20. Matthäus hat, wie schon angemerkt, dem von Markus her bekannten Eingang eine sogenannte Kindheitsgeschichte Jesu vorangestellt. Von der war eben die Rede.

Allerdings sieht man schon an der Länge des Abschnitts, dass Mt 3-4 nicht durchgängig nur auf das Mk-Evangelium zurückgreift. Wenn es zutrifft, dass dem Evangelisten Matthäus das Mk-Evangelium schon vorgelegen hat und er es seinem Evangelium zugrunde legt, dann sehen wir nun sofort ein Weiteres: Matthäus hat offenbar auch andere Quellen benutzt.

Wie in der Einleitung schon angesprochen, kennen Mt und auch Lk eine Quelle mündlicher Überlieferung von Worten Jesu, die sogenannte Spruchquelle Q (im folgenden Q genannt).

Daneben hat aber Mt (wie auch Lk) noch eine Fülle von Sondergut (im folgenden SG) einzubringen. Mit Sondergut sind solche Texte (Verse oder Abschnitte) gemeint, die sich nur bei dem jeweiligen Evangelisten allein finden.

In Mt 3-4 finden wir auffällig viel Material aus der sogenannten Spruchquelle Q (Mt 3,7-10; 3,12; 4,1-11). Hier und dort bringt Mt auch noch Texte ein, die sich nur bei ihm finden und damit Sondergut (SG) sind (vgl.3,7a; 3,14f!; 3,17 in der dritten Person; 4,14ff). Matthäus hat also die ihm vorliegende Mk-Fassung mit Texten aus Q und SG angereichert. Damit erklärt sich die Ausweitung dieses Abschnitts gegenüber der Mk-Fassung.

Ungemein wichtig ist es nun, diese Texte aus Q und SG insbesondere ins Auge zu fassen, weil an ihnen am ehesten das eigene Gepräge des jeweiligen Evangeliums (und des jeweiligen Abschnitts daraus) abzulesen ist. Zunächst allerdings ist festzuhalten und zu unterstreichen, dass Matthäus ganz hinter der Überlieferung des Markus steht und nicht nur sein „Gerüst", sondern auch seine Hauptaussagen übernimmt. Was in Mk 1,1-20 formuliert worden ist, bleibt auch für Mt 3-4 gültig.

Drei Besonderheiten prägen Mt 3-4 gegenüber Mk 1,1-20. Auf diese ist nun gesondert einzugehen.

Zum einen überliefert Mt in Mt 3,7-10 (Q) eine ausdrückliche Bußpredigt des Täufers, die (im Unterschied zu Lukas) ihre Zuspitzung in der Anrede an die Pharisäer und Sadduzäer hat. Schon hier wird erkennbar, was später dann immer wieder deutlich wird (vgl. vor allem Mt 23), dass im Matthäus-Evangelium eine besonders scharfe Auseinandersetzung mit der jüdischen Oberschicht stattfindet. Wahrscheinlich erforderte der judenchristliche Hintergrund des Evangeliums die verschärfte Abgrenzung von denen, die eigentlich dem Evangelium hätten am nächsten stehen sollen, aber dann doch die schroffsten Gegner wurden. Jedenfalls führt Johannes der Täufer unerbittliche Anklage gegen die jüdischen Führer.

Zum anderen findet sich im Zusammenhang der Taufhandlung an Jesus bei Matthäus eine Besonderheit (3,14f): Johannes will Jesus eigentlich gar nicht taufen, weil ihm Jesus als übermächtig erscheint. Jesus wiederum fordert den Dienst des Johannes ausdrücklich mit dem Argument, dass damit „alle Gerechtigkeit erfüllt" würde (3,15). Matthäus überliefert uns damit zwei wichtige Einsichten. Einerseits tritt bei Johannes dem Täufer die Demut dessen heraus, der sich zuerst und durchgehend als Wegweiser Jesu, als Vorbereiter, Bahnbrecher, als verlängerter Zeigefinger auf Jesus hin (vgl. die ergreifende Darstellung des Johannes auf dem Isenheimer Altar in Colmar, durch Matthias Grünewald gefertigt) verstanden hat (vgl. auch Joh 1,29; 3,30!). Andererseits tritt bei Jesus die Demut dessen heraus, der – obwohl er der von Gott gesandte Messias ist – doch den Weg der Gerechtigkeit geht: So wie die vielen von Johannes zur Umkehr gerufenen Menschen sich auf Gottes Gerechtigkeit neu eingelassen haben und sich deshalb haben taufen lassen, so tut es auch Jesus, zutiefst solidarisch mit denen, die vor ihm und nach ihm denselben Weg gegangen sind.

Zum dritten überliefert Matthäus (im Unterschied zu Markus) eine ausgeführte Versuchungsgeschichte Jesu (4,1-11; vgl. Lk 4,1-13). Hier finden sich nun die bekannten drei Anläufe des Teufels, nachdem Jesus die Fastenzeit in der Wüste fast hinter sich hatte und Hunger spürte (4,2). Hier spricht der Teufel die drei größten Hungermotive und damit stärksten Versuchungsmomente an, die es gibt: Den Hunger nach Brot (4,3), den Hunger nach Anerkennung (4,6) und den Hunger nach Macht (4,8f). Dabei lässt er biblische Motive anklingen (4,3) und verwendet selbst Bibelworte (4,6). Dagegen verwahrt sich Jesus, indem er in großer Ruhe Gottes Gebot formuliert, genauer gesagt: Indem er das 1. Gebot dem Teufel entgegen- und damit in Geltung hält. Jesu Antworten nehmen durchweg Worte aus dem 5. Buch Mose, dem Deuteronomium auf (8,3; 6,16; 6,13), dem Buch der Bibel, das in besonderer Weise zur Einhaltung des 1. Gebotes aufruft. Insgesamt erweist sich die Versuchung Jesu nach Mt 4 wie

schon in Mk 1,12f (nur viel weiter ausgeführt) als seine Be-
währung, als „erste Wegentscheidung" (P.Stuhlmacher), der
mit dem Gebetskampf in Gethsemane die zweite folgen
wird (Mt 26,36ff).

Der Schlussvers (4,11) signalisiert, dass sich Jesus der Wür-
digung in 3,17 entsprechend verhalten hat und nun den
Dienst der Engel erfährt. Die Versuchungsgeschichte deutet
im Übrigen wieder an, was in Mt 1-2 schon anklang: Die Er-
probung Jesu in der Wüste erinnert an die Wüstenzeit des
Mose (2Mo 34,28). Die Verwendung entsprechender Bibel-
stellen (s.o.) weist in die gleiche Richtung. Wie Mose erprobt
wurde, so auch der Messias selbst. Wie Mose dem Volk Gottes Gesetz gab, so wird es auch Jesus tun, – nur (vgl. 5,17-48;
Joh 1,17): Jesus ist mehr als Mose!

Im Blick auf die Verkündigung Jesu (Mt 4,17) sieht Matthäus Jesus ganz auf der Linie des Johannes (vgl. Mt 3,2!). Er
bindet in der wörtlichen Übereinstimmung die Predigten Jesu
und des Johannes eng zusammen, um dann aber (in 4,14ff)
den ganzen Glanz der Messiashoffnung Israels auf Jesus zu
beziehen. Unbestreitbar ist Jesus auch nach der Botschaft des
Matthäus der von Gott gesandte und im AT verheißene Messias.

Am Schluss von Kapitel 4 findet sich eine schöne und klare
Zusammenfassung des Dienstes Jesu (4,23), die dann in 9,35
fast wörtlich wiederholt wird. Hier bietet uns Mt offenbar ein
Gliederungselement im Sinne einer Klammer: Die Bemerkung
in 4,23 kann vorausschauend die Kap 5-7 (Jesu Lehre) und 8-
9 (Jesu Heilungsdienst) einleiten, die (fast) gleiche Bemerkung
in 9,35 hat dann den Sinn der Zusammenfassung. Wir sehen
hier Matthäus mit seiner ausgeprägten Gabe der Gliederung
und Strukturierung. So will er es ansagen: Nach den Voraus-
setzungen des Auftretens Jesu sollen nun die Hauptpfeiler seines Dienstes zum Zuge kommen: Seine Lehre (5-7) und sein
Heilungsdienst (8-9). Die Lehre Jesu geht auch sachlich voran,
die folgenden Taten Jesu sollen die Worte bestätigen.

——— Fragen:

– Uns darf es ja nicht um „die Pharisäer" etc. gehen (vgl. 3,7ff), zumal christliche Verkündigung hier und auch sonst aufpassen muss, nicht auf eine antijudaistische Spur zu geraten, die verheerend wäre. Wir müssen vielmehr uns selbst fragen lassen, ob wir nicht eine solche Umkehrpredigt des Johannes brauchen (vgl. die Fassung bei Lk 3,7!).

– Die oben angesprochenen Anläufe des Teufels kennen wir – sie betreffen uns auch. Wir suchen konkrete Beispiele, um solche Versuchungen heute zu benennen. Wir überlegen, inwieweit Jesu Antworten auch für uns wegweisend sind.

Die Bergpredigt
Matthäus 5 – 7

Bei der Bergpredigt kommen wir zu einem ersten großen Höhepunkt im Matthäus-Evangelium. Diese drei Kapitel haben sich in Kirche und Gesellschaft in Deutschland, aber auch in vielen anderen Ländern tief eingeprägt. Sie gehören zum Kernbestand der Jesus-Überlieferung; kein Jesus-Film, der etwas auf sich hält, der nicht Jesus als Bergprediger zeigt und ihn die so großen und bekannten Worte sagen lässt. Die Bergpredigt hat sich regelrecht eingemeißelt in die europäische Kultur. Mag auch heute noch so viel wegrutschen von dem, was christliches Gedankengut beinhaltet, so wird der große Wurf der Bergpredigt sich nicht aus dem Gedächtnis unserer Kultur streichen lassen; ja noch mehr, ihre Anliegen sind so gewichtig, dass sie auch in 100 Jahren noch Gewicht haben und Rechtsprechung und Wohlverhalten in unserer Welt mitbestimmen werden.

Die Bergpredigt ist die erste der fünf großen Reden Jesu im Matthäus-Evangelium. Dass diese Fünfzahl (vgl. neben Mt 5-7 die Redeblöcke in 10; 13; 18 und 24f) nicht willkürlich, sondern von Matthäus ausdrücklich gewollt ist, lässt sich an dem jeweiligen Redeabschluss erkennen:

Der Evangelist stellt klar heraus, dass diese fünf Reden besonders zu gewichten sind (vgl. 7,28f; 11,1; 13,53; 19,1; 26,1!). Daneben finden sich im Matthäus-Evangelium drei weitere Redeblöcke (11; 12; 23), die aber deutlich von den fünf oben genannten zu unterscheiden sind. Manche Ausleger vermuten bei der Fünfzahl der Reden Jesu wieder eine Absicht, wie sie schon aus Mt 1-4 mehrfach herausleuchtete: Die fünf großen Redeblöcke sollen vielleicht an die fünf Bücher Mose erinnern, womit Jesus erneut in die Nähe des Mose gerückt würde. Allerdings geht es nicht einfach um eine Erinnerung, sondern um den Hinweis, dass Jesus mehr ist als Mose, dass er der neue Mose, der Rabbi Israels, der Messias ist, der Gottes Gerechtigkeit vollmächtig verkündigt.

Bereits hier ist auf einen gravierenden Unterschied zwischen dem Markus-Evangelium und dem Evangelium nach Matthäus hinzuweisen. Eine solche Vielfalt von Reden hat uns Markus nicht überliefert. Da sind die Worte Jesu eher sparsam an entscheidender Stelle postiert, ausgesprochene Redeblöcke sind höchst selten. Matthäus dagegen, der ja große Teile des Markus-Evangeliums seinen Erarbeitungen zugrunde gelegt hat, fügt eine Fülle von Überlieferungsstoff hinzu, nämlich insbesondere die oben erwähnten Redeblöcke. Damit wird deutlich, wie am Anfang schon angesprochen, warum das Matthäus-Evangelium mit 28 Kapiteln soviel umfangreicher ist als das Markus-Evangelium.

Deutlich wird auch, was Matthäus an Jesus besonders hervorheben möchte: Jesus ist (s. o.) nach Mt in besonderer Weise der Lehrer Israels, der Künder des endzeitlichen Willens Gottes. Als der von Gott gekommene Messias (vgl. Mt 1,21-23) bringt er Gottes Gerechtigkeit zu den Menschen. Insofern ist der Lehre viel mehr Raum gegeben als den Taten Jesu. Bei Mk deutet das Wort die (ausführlich beschriebene)Tat, bei Mt bestätigt die Tat das (ausführlich entfaltete) Wort. Insofern ist es ganz folgerichtig, dass Matthäus auf die Anfänge Jesu (Kapitel 1-4) die große Bergpredigt folgen lässt. Entsprechend der Aussage in 4,23 (vgl. dazu 9,35) steht die Lehre und Predigt

Jesu am Anfang, der Heilungsdienst folgt darauf. Der Lehre wird auch qualitativ Priorität eingeräumt.

Die bei Matthäus vorliegende Fassung der Bergpredigt ist sicher nicht die traditionsgeschichtlich älteste Fassung. Die sogenannte Feldrede im Lukas-Evangelium (vgl. Lk 6,20-49) ist nach Meinung vieler Ausleger aus älterer Zeit, die Matthäus bei der Erstellung seines Evangeliums wahrscheinlich vorliegen hatte und dieser mit verwendet hat. Man geht weithin davon aus, dass die uns vorliegende Fassung der Bergpredigt in Mt 5-7 die Endstufe eines gewachsenen Überlieferungsprozesses darstellt und die ordnende Handschrift des Matthäus erkennen lässt. Damit ist nicht gesagt, dass die Bergpredigt womöglich teilweise ein Produkt des Matthäus wäre! Wohl aber können verschiedene Reden Jesu hier zusammengestellt worden sein. Das Urgestein der Botschaft Jesu ist in Mt 5-7 mit Händen zu greifen, auch der Ort der Rede (Mt 5,1) wird auf historischem Grund stehen. Da aber Matthäus wie die übrigen Evangelisten auch nicht nur Sammler der Worte und Taten Jesu war, sondern auch ordnend und gestaltend zu Werke ging, ist der oben angesprochene Gedanke durchaus berechtigt: Matthäus kann die große Bergpredigt, so wie sie vor uns liegt, als Summe verschiedener Reden Jesu zusammengestellt haben.

So ließe sich auch der große Unterschied zwischen Lk 6,20-49 und Mt 5-7 einigermaßen erklären. Dennoch haben wir die selbstverständliche Freiheit, in der Bergpredigt eine zusammenhängende Rede Jesu zu sehen und sie auch entsprechend auszulegen. So will sie ja auch Matthäus schließlich verstanden wissen! Was die Auslegung der Bergpredigt anbelangt, so hat es – auch angesichts der Schärfe und Härte der dort vorgelegten Botschaft Jesu – sehr unterschiedliche Auslegungsweisen gegeben (die sich auch heute noch in verschiedensten Veröffentlichungen spiegeln). Zumindest vier Auslegungsweisen sollen hier zur Sprache kommen[5]:

[5] Nach: J. Jeremias, Die Bergpredigt, Stuttgart 1959, S. 7-15.

Die perfektionistische Auffassung

Hiernach geht es bei der Bergpredigt ausdrücklich und ausschließlich um die Ansage und das Tun des Willens Gottes. Die Bergpredigt ist dann Gesetz und nicht Evangelium. Zu verstehen ist sie im Sinn einer „Gehorsamsethik" (H.Windisch), nach der Losung „Gehorche, so wirst zu leben". Jesus erscheint als der Thoralehrer, der Lehrer des Gesetzes, der den Willen Gottes mit schneidender Schärfe ansagt.

Es ist keine Frage, dass Jesus in der Bergpredigt zum Tun des Willens Gottes auffordert. Ganz massiv wird das in Mt 7,24-27 unterstrichen! Alle Verharmlosungen oder Abschwächungen entsprechen dem Ernst der Bergpredigt nicht. Dennoch stellt sich die Frage, ob die Bergpredigt in dieser Auslegung sozusagen aufgeht oder ob noch andere Aspekte zu beachten sind.

Die Unerfüllbarkeitstheorie

Hier steht das Erschrecken vor den hohen Forderungen der Bergpredigt (vgl. z.B. Mt 5,21-48) im Vordergrund. Jesu Worte werden als unerfüllbar angesehen. Allerdings halten sie ihren Lesern bzw. Hörern einen Spiegel vor: An der Bergpredigt erkennt der Mensch seine Schuld. Die Bergpredigt wird zum Beichtspiegel, das vorgelegte Gesetz führt zur Erkenntnis der Sünde, die Erkenntnis der Sünde wiederum führt in die Arme Christi, unter das Kreuz, unter die Gnade Gottes. Jesus ist der Bußprediger, der Menschen auf diese Weise auf ihr Heil hin anspricht. Die eigentlichen theologischen Deutungen dieser Sicht der Bergpredigt stehen bei Paulus (vgl. Röm 3,9-26 u.ö.); die Bergpredigt wird von Paulus her interpretiert.

Sicher ist mit dieser Auslegungsweise richtig gesehen, dass wir, auch wir Christen, am hohen Anspruch der Bergpredigt scheitern können, ja wohl oft auch wirklich scheitern. Mit 1Joh 1,8f bekennen wir, dass wir nicht ohne Sünde sind und dass auch christliches Leben ohne Schuldverstrickungen nicht zu leben ist. Da ist es ein großer Trost, unter das Kreuz Christi kriechen und neue Vergebung empfangen zu können (1Joh

1,9!; 2,2). Insofern hat die Unerfüllbarkeitstheorie auch ihre Berechtigung.

Es muss aber deutlich bleiben, dass die Bergpredigt zum Tun des Willens Gottes anleiten will (und nicht nur zum Eingestehen des Scheiterns!).

Das interimsethische Verständnis

Hier kommt vor allem der zeitliche Gesichtspunkt ins Blickfeld. Die Bergpredigt wurde dabei als eine Art Notstandsgesetz verstanden, als Einübung zum rechten Verhalten angesichts des schweren Ernstes der letzten Stunde. „Interimsethik" heißt Einübung christlichen Verhaltens in einer Zwischen-Zeit (interim = Zwischenzeit) bzw. vor der letzten Zeit. Der sogenannte eschatologische (= endzeitliche) Horizont der Evangelien, ja der ganzen Botschaft Jesu wurde wiederentdeckt (A. Schweitzer, J. Weiß u. a.). So wurde und wird die Bergpredigt mit dieser Auslegungsweise eschatologisch ausgerichtet: „Bald kommt die letzte Stunde, seid wachsam und tut den Willen Gottes!"; so oder ähnlich ist diese Auslegung gemeint. Jesus wird dabei als der große Apokalyptiker dargestellt, der Offenbarer des „Fahrplanes Gottes" für die letzte Zeit. Eine gewisse Nähe zu dem Anliegen der Endzeitreden (vgl. Mk 13; Mt 24f; Lk 21) ist unverkennbar. Es hat der Kirche Jesu Christi immer gut getan, wenn sie sich den endzeitlichen Horizont der Botschaft Jesu bewusst gemacht hat. Es ist überhaupt kein Zweifel, dass Jesus selbst in eschatologischer Erwartung gelebt und auch gelehrt hat, dass er selbst als Weltenrichter wiederkommen wird (vgl. u.a. Mk 13,24-27). Wer die Botschaft Jesu nur zeitlos versteht und die Dringlichkeit verkennt, macht sie über kurz oder lang zu einer bürgerlich-verkrusteten Christentums-Lehre. Der eschatologische Horizont muss unterstrichen werden.

Dennoch bleiben auch hier Fragen. Die Bergpredigt steht weit entfernt von den Endzeitreden; eine Konzentration der Botschaft auf den Ernst der letzten Stunde hin würde manche Verkrampfung letzter Kraftanstrengung mit sich bringen und fanatische Strömungen fördern. Es geht in der Bergpredigt grundsätzlich um das Tun des Willens Gottes, nicht nur in Krisenzeiten. Außerdem, das sei hier schon angedeutet, enthält die Bergpredigt auch eine Fülle anderer Materialien, die sich mit dieser Umkehrpredigt nicht ohne weiteres verbinden lassen.

Das gesellschaftspolitische Verständnis

Schließlich hat die Bergpredigt auch im gesellschaftlichen Kontext immer wieder eine große Rolle gespielt. Zwar haben viele Politiker (wie z. B. Helmut Schmidt) die Auffassung vertreten, mit der Bergpredigt könne man nicht regieren. Sie gelte für die Christengemeinde und den einzelnen Bürger, nicht aber für ein ganzes Volk. Demgegenüber hat schon Leo Tolstoi die Bergpredigt als „Angriff auf die moderne Kultur" verstanden. Später haben K. Marx und nach ihm u. a. die Religiösen Sozialisten (wie L. Ragaz) die Bergpredigt in Anspruch genommen, um nach ihren Maximen einen revolutionären Erneuerungsprozess der Gesellschaft in Gang zu setzen. Jesus wurde und wird dabei zum Anwalt der Armen, Rechtlosen und Unterdrückten; er ist „der erste Revolutionär der Kirche", wie es in den 68er Jahren des 20. Jahrhunderts hieß.

Es ist ohne Zweifel richtig, dass die Bergpredigt nicht nur eine innerkirchliche Gemeinderegel ist. Dafür bietet sie viel zu viel gesellschaftsrelevanten Zündstoff (vgl. nur die radikalen Aussagen in der lukanischen Feldrede, Lk 6,20ff!). Was sie aber nicht bietet, ist ein Gesamtprogramm zur Umgestaltung einer Gesellschaft. Dafür ist sie zu unvollständig. Außerdem blendet auch diese Akzentuierung wesentliche Aussagen der Bergpredigt aus.

Zusammenfassend lässt sich sagen, dass mit den vier Auslegungsweisen der Bergpredigt sicher gewichtige Akzente gesetzt worden sind. Alle aber sind sie einseitig, unterstreichen eine Teilwahrheit und stehen nicht für das Ganze. Die Bergpredigt lässt sich nicht in einer Auslegungsweise einfangen. Vor allem tritt an der Botschaft Jesu dann immer nur ein Akzent heraus, andere bleiben unterbelichtet.

Alle vier Akzente werden wir bedenken müssen. Ja, Jesus ist auch Thoralehrer, auch Bußprediger, auch Apokalyptiker, auch (was genau beschrieben werden muss) Revolutionär gewesen. Aber eben das „auch" signalisiert, dass wir die Zusammenschau brauchen und nicht die Einseitigkeit. Und auch in der Zusammenschau der vier Auslegungsweisen geht Jesus und seine Botschaft nicht auf: Er selber ist der Bergprediger und als solcher der von Gott gesandte Messias. Der Glanz seiner messianischen Botschaft, ja der Glanz seiner Person selbst prägt die Bergpredigt auf Schritt und Tritt. Hier ist Gesetz und Evangelium, Evangelium und Gesetz! Hier ist Jesus selbst, der ermöglicht, was er fordert, und der fordert, was er möglich gemacht hat.

Es ist aus den bisherigen Überlegungen schon deutlich geworden: Die Bergpredigt ist eine große Rede Jesu (möglicherweise auch eine Zusammenstellung verschiedener Reden Jesu), die dem Ziel dient, Menschen den Willen Gottes vorzulegen, wie Jesus Christus, der Messias und Lehrer Israels, ihn verkündigt. Die Bergpredigt ist also nicht eine Art Zusammenfassung christlicher Lehre; sie prägt den Willen Gottes ein und zeigt Schritte christlicher Nachfolge auf. Dem grundsätzlichen Durchdenken der Wege Gottes mit den Menschen ist sie nicht gewidmet. Das haben die verschiedenen Auslegungsweisen der Bergpredigt auch deutlich gemacht: Alle vier sehen das Hauptanliegen der Bergpredigt darin, dass Jesus den Willen Gottes verkündigt, und kommen dabei zu den unterschiedlichen Auslegungsweisen, von denen oben die Rede war.

Trotzdem, auch das wurde schon angedeutet, geht die Bergpredigt in dieser Kennzeichnung nicht auf. Es wird also darum gehen müssen, wirklich Schritt für Schritt diese große Rede vorzustellen, um damit den Reichtum des Ganzen zur Sprache zu bringen.

Der Inhalt der Bergpredigt

Am Anfang (5,1) markiert Matthäus den Ort und die Adressaten. Jesus hat seine Rede auf einem Berg gehalten (wobei man wieder sofort an Mose und den Empfang der Gesetzestafeln auf dem Berg Sinai denken muss, vgl. 2Mo 19,20ff; 24,12ff), das stellt Matthäus deutlich heraus (im Unterschied zu Lukas, der ein Feld vor Augen hat, vgl. Lk 6,17). Die Adressaten sind zum einen das Volk, zum anderen die Jünger: Man kann von einem engeren Kreis (Jünger) und einem weiteren Kreis (Volksmenge) sprechen. Daraus wird deutlich, dass Jesu Rede nach innen und nach außen gewandt ist; eine reine Gemeinderede soll die Bergpredigt also nicht sein, aber auch nicht einfach eine Rede an die Gesellschaft.

Die Bergpredigt selbst lässt sich in mehrere Teile gliedern. Möglicherweise haben die Ausleger recht, die eine Dreiteilung vornehmen (u.a. J.Jeremias). Danach (nach dem Prolog 5,3-16) ist der erste Teil, der sich der Auslegung und dem Tun des Willens Gottes in besonderer Weise zuwendet, gegen die Schriftgelehrten und ihre Gesetzesauslegung gerichtet (5,17-48). Der zweite Teil (6,1-18), der ja die drei großen Themen des geistlichen Lebens entfaltet (vom Almosengeben, vom Beten, vom Fasten), könnte in besonderer Weise eine Auseinandersetzung mit den Pharisäern darstellen. Der dritte Teil dagegen (6,19-7,27) wäre eine Anleitung, speziell an die Jüngerschaft gerichtet, zu rechtem christlichen Verhalten. 7,28-29 bildet demnach den Abschluss der Bergpredigt.

Aufbau der Bergpredigt

Thematische Untergliederung	Verseinteilung	Themen	Synoptische Parallelen[6]
Einleitung Ein Prolog voller Ermutigung	5,1-2 5,3-12 5,13-16	Einleitung Seligpreisungen Vom Salz und vom Licht	**Lk 6,1.12.20** **Lk 6,20-23(24-26)** Lk 14,34-35; Mk 9,50; 4,21

[6] Die fettgedruckten Textstellen beziehen sich auf die Parallelen in der lukanischen Feldrede Lk 6,20-7,1.

Thematische Untergliederung	Verseinteilung	Themen	Synoptische Parallelen
Der Umgang mit dem Gesetz – Im Dialog mit den Schriftgelehrten	**5,17-48**	**Die neue Gerechtigkeit**	
	5,17-20	Jesu Stellung zum Gesetz	Lk 16,16-17
	5,21-26	Vom Töten	Lk 12,57-59;
	5,27-30		Mk 11,25
	5,21-32	Vom Ehebruch	Mk 9,45-48; Mt 18,8-9
		Von der Ehescheidung	Lk 16,18; Mk 10,11-12; Mt 19,9
	5,33-37	Vom Schwören	
	5,38-42	Von der Wiedervergeltung	**Lk 6,29-30**
	5,43-48	Von der Feindesliebe	**Lk 6,27-28. 32-36**
Der Umgang mit dem geistlichen Leben – Im Dialog mit den Pharisäern	**6,1-18**	**Von Wohltat, Beten und Fasten**	
	6,1-4	Vom Almosengeben	
	6,5-8	Vom Beten	
	6,9-15	Das Vaterunser	
	6,16-18	Vom Fasten	Lk 11,2-4
Einweisung in die rechte Jüngerschaft – Anweisungen zum christlichen Lebensstil	**6,19-34**	**Vom Schätzesammeln und vom Sorgen**	
	6,19-21	Warnung vor Habsucht	Lk 12,33-34
	6,22-23	Gleichnis vom Auge	Lk 11,34-36
	6,24	Nicht zwei Herren zugleich dienen	Lk 16,13
	6,25—34	Irdisches Sorgen	Lk 12,22-32
	7,1-12	**Vier Schlussmahnungen**	
	7,1-5	Gegen das Richten	**Lk 6,37-38**; Mk 4,2-4
	7,6	Gegen die Entweihung des Heiligen	
	7,7-11	Mut zum Beten	Lk 11,9-13
	7,12	Die goldene Regel	Lk 12,22-32
	7,13-27	**Vier Schlusswarnungen**	
	7,13-14	Gegen den breiten Weg	Lk 13,23-24
	7,15-20	Gegen falsche Propheten	**Lk 6,43-45**; Mt 12,33-35
	7,21-23	Gegen Selbsttäuschung	**Lk 6,46**; 13,26-27
	7,24-27	Gegen den falschen Hausbau	**Lk 6,47-49**
Schluss	7,28-29	Die Wirkung der Bergpredigt	**Lk 7,1a**

Ob die Bergpredigt nun einen stärker polemischen Charakter hat oder nicht:

Jedenfalls ist diese Gliederung in sich sinnvoll, wobei in 6,19-7,27 weitere Unterteilungen möglich und gegeben sind (vgl. das Schaubild). Eins allerdings zeigt jede Bemühung um eine Gliederung und damit auch um eine gründliche Erfassung der Rede sofort: Hier werden viele Themen angeschlagen, die zur Nachfolge gehören; die Bergpredigt steht nicht nur in Kap 5! Und: Es ist nicht alles Gesetz, Entfaltung des Willens Gottes, was die Bergpredigt prägt! Neben dem Anspruch steht auch der Zuspruch, der insbesondere aus Mt 5,3-12; 5,13-16 und 6,25-34 herausleuchtet.

Zum Einzelnen sei Folgendes angemerkt:

– Die **Seligpreisungen** geben der ganzen Bergpredigt das Gepräge (5,2-12).

Insgesamt finden sich acht solcher Seligpreisungen (die zahlenmäßig neunte in 5,11f ist eine zugespitzte Entfaltung der achten Seligpreisung), wobei die ersten vier stärker von einem Mangel, die anderen vier stärker von einem Sein ausgehen: Jeweils werden Menschen in einer bestimmten Lebensphase angesprochen – und glücklich gepriesen. Wichtig ist, dass es sich hier nicht um Bedingungssätze („wenn … dann"), sondern um Trost- und Ermutigungssätze handelt. Den Menschen, die in einer schweren Lebenslage stehen (Mangelaussagen) und ein Leben nach den Kennzeichen des Reiches Gottes führen (Seinsaussagen), wird für die Zukunft großer Lohn verheißen (wobei man durchaus sagen kann, dass die Zukunft heute schon beginnt).

Insgesamt sind die Seligpreisungen wunderbar tröstende Worte aus dem Munde Jesu. Er selbst mit seinem Leben und Wirken steht hinter ihnen; er selber lebt dieses Leben, das er hier als lebenswert hinstellt. In den Seligpreisungen spiegelt sich das Angesicht des Bergpredigers in besonderer Weise.

Die **Sprüche vom Licht und vom Salz** sind wieder Worte des Zuspruchs (5,13-16), nicht zuerst Forderungen (nicht: „Ihr sollt das Licht der Welt sein"). Zuerst kennzeichnen sie die

Würde der Jünger und helfen, ein geistliches Wertbewusst-
sein zu entwickeln. Vor aller Dienstanweisung steht der Wür-
detitel, an dem sich die Jünger freuen können! Auch die
„kleinste Funzel" ist eine Stadt auf dem Berge! Wer das weiß
und sich zusprechen lässt, soll dann natürlich auch danach
handeln (5,13b.16).

Großen Raum nehmen anschließend die **Ausführungen
zum Gesetz** ein, wobei 5,17-20 eine Art Einleitung darstellt,
die Verse 21-48 in die Praxis führen. Jesus zeigt sich in diesen
Versen ausdrücklich als Lehrer des Gesetzes, der großen Wert
darauf legt, dass Gottes Gesetz auch gehalten wird. Da wird
nichts abgeschwächt und verharmlost, – im Gegenteil, die
christliche Gemeinde soll sich überzeugender im Halten der
Gesetze bewähren als die Schriftgelehrten und Pharisäer das
getan haben (5,20).

Allerdings zeigt sich in den sogenannten **Antithesen**
(5,21-48), dass Jesus in großer Freiheit und Souveränität handelt. Er kann das alttestamentliche Gebot verschärfen
(5,21ff.27ff), er kann es außer Kraft setzen (5,31f), er kann es
in messianischer Vollmacht auch neu formulieren oder ergän-
zen (5,33ff; 5,38ff.43ff). In der Handhabung des Gesetzes
zeigt sich Jesu messianische Würde. Überschaut man die
sechs (V. 21ff.27ff.31f.33ff.38ff.43ff) Antithesen (= Gegen-
Thesen, entsprechend dem Aufbau des jeweiligen Teiles), so
sieht man, worauf es Jesus ankommt: Es geht ihm um unbe-
dingten Schutz des menschlichen Lebens und der ehelichen
Gemeinschaft (5. und 6. Gebot), um den Schutz der Frau, um
die Warnung vor dem Missbrauch des Namens Gottes (2. Gebot) und um ein Leben ohne den Teufelskreis von Gewalt und
Gegengewalt. Mit dieser 5. (V. 38ff) und vor allem der 6. An-
tithese (V. 43ff) überschreitet Jesus dann die Grenzen des Alten Testaments, indem er das Liebesgebot auf die Feinde hin
ausweitet (V. 43ff). Darin insbesondere zeigt sich Jesu eigene
Lebensführung, der bis zum Tod am Kreuz nicht aufgehört
hat, auch die Feinde zu lieben und ihnen den Weg zum Leben
anzubieten (vgl. vor allem Lk 23,34; 23,43). Hier ist die Bot-

schaft des Neuen Testaments in ihrer Mitte angesprochen.

Dass es bei den Antithesen nicht um Vollständigkeit geht, ergibt sich aus der eher zufälligen Zusammenstellung. Vollständig bzw. „vollkommen" sollen vielmehr die sein, die in Jesu Nachfolge stehen (Mt 5,48). Sie sollen dem entsprechend handeln, der der Geber der Gebote ist. Dabei ist nicht zuerst an eine moralische Vollkommenheit gedacht, sondern an die vollkommene Ausrichtung auf Gott selbst, der selbst ermöglicht, was er fordert.

Im 6,1-18 finden sich die drei deutlich zusammenhängenden **Sprüche vom Almosengeben, vom Beten (mit dem Vaterunser!) und vom Fasten**. Sie umfassen die „drei wichtigsten jüdischen Frömmigkeitsbezeugungen" (E.Schweizer). Folgen wir der o. a. Gliederung, dann setzt sich Jesus nun mit der Frömmigkeit der Pharisäer auseinander, die sich ja in besonderer Weise dieser Aufgabe verpflichtet wussten.

Auffällig ist sofort: Die drei Sprüche sind gleich aufgebaut. Jeweils (nach einer Art Überschrift in 6,1) wird die Frömmigkeitsübung vorgestellt. Danach wird der Missbrauch benannt und verurteilt: Wer „vor den Leuten" mit seiner Frömmigkeit angeben will, hat nichts davon. Der ist ein Heuchler, ist nicht echt und damit auch nicht auf der Spur der Gerechtigkeit (5,20; 6,1). Statt dessen, und auch das findet sich durchgehend, sollen die Gläubigen den Weg ins Verborgene gehen: Da kommt dann auch heraus, wie ernst sie es wirklich mit Gott meinen. Jeweils wird noch ein Ratschlag gegeben (6,3.7.17), wie man die Frömmigkeitsübung recht handhaben soll, und dann wird – wieder bei allen gleich – ein Verheißungswort angeschlossen (6,4.6.18). Ganz gleich, ob hier eine konkrete Auseinandersetzung zugrunde liegt oder nicht: Es geht unmittelbar unter die Haut, wie Jesus hier Heuchelei entlarvt und wie er in messianischer Vollmacht zu einem einfaltigen Frömmigkeitsstil einlädt, der aus dem Herzen erwächst und nicht von der Anerkennung vor den Leuten lebt. War vorher der Ernst der Nachfolge sozusagen horizontal vor Augen, so nun vertikal: Das geistliche Leben soll – wie auch der sonstige Vollzug der Nachfolge – etwas Ganzes sein, soll vor allem echt und ungeheuchelt Gott die Ehre geben und nicht den Menschen. In solcher Haltung und Perspektive wirken sich die drei Frömmigkeitsübungen auch segensreich für die aus, die sie praktizieren.

Der zweite Abschnitt („Vom Beten", vgl. 6,5-15) hat seine Besonderheit zum einen darin, dass er zu zuchtvollem Beten im Verborgenen anleitet (6,6f), womit sicher nichts gegen eine gleichermaßen zuchtvolle Gebetsgemeinschaft gesagt wird (vgl. Mt 18,20!). Zum anderen aber lädt Jesus hier ein, das Vaterunser als das Gebet des Herrn zu beten.

In wunderbarer Klarheit zeigt Jesus in diesem Gebet, wie wir beten sollen, und bis heute verbindet das **Vaterunser** die Christen aller Konfessionen miteinander. Die fast zärtliche Anrede („Abba" = „Vati") erweist die Verbundenheit Jesu mit Gott selbst. Für jüdische Ohren völlig anstößig wagt Jesus, die Nähe zu Gott dem Vater so unmittelbar auszusagen. Damit erweist sich erneut seine in 3,17 so einzigartig benannte Gottessohnschaft. Die drei Du-Bitten lassen erkennen, wie Jesus das 1. Gebot auch im Gebet gelten lässt (vgl. schon Mt 4,1-11). In den vier Wir-Bitten spiegelt sich die Erlaubnis zu konkreter Bitte und Fürbitte: Bei genauem Hinsehen erkennen wir, dass hier die ganze Last menschlichen Lebens vor Gott dem Vater ausgebreitet werden kann. Den Abschluss bildet die Verherrlichung Gottes, wie sie vielen Christen von Kind auf vertraut ist.

In den **Sprüchen vom Schätzesammeln und vom Sorgen** (6,19-34), besser: gegen die Habsucht und gegen das Sich-Zersorgen spricht Jesus Grundprobleme an, die den Menschen kaputtmachen können. Zum einen wird die Habsucht abgewehrt (die im Tiefsten wieder als Verstoß gegen das 1. Gebot gedeutet wird, vgl. 6,24). Jesus hält den Menschen die Endlichkeit alles Menschlichen und damit auch aller menschlichen Güter vor Augen. Demgegenüber lädt er dazu ein, „Schätze im Himmel" zu sammeln.

Zum anderen setzt sich Jesus mit der Sorge auseinander (die im übrigen durchaus mit der Habsucht zu tun haben kann). Die Sorge ist nach Jesu Überzeugung kein Lebensstil, der dem messianischen Reich zugehört! Wer sich auf Gott einlässt, so prägt Jesus ein, erfährt auch Gottes Fürsorge. Es ist genug, sein Tagewerk verantwortungsvoll zu tun; das Sich-Zersorgen ist immer ein Zeichen von Unglauben: Wer sich (zer-)sorgt, handelt wie die Heiden (6,32). Er handelt letztlich gottlos, mag er sich auch noch so fromm geben. Damit hat Jesus nichts gegen die Für- und Vorsorge sagen wollen. Die gehören zu einem verantwortungsvollen Leben und stehen nicht zur Disposition. Aber der grundsätzlichen Haltung des Zersorgens, die aus einer titanischen Überheblichkeit erwächst, alles selber meistern zu können und zu müssen, sagt Jesus werbend und mahnend den Kampf an.

Der Abschnitt 6,25-34 gehört eher zu den Worten des Zuspruchs als zu denen des Anspruchs. Die liebevolle und plastische Redeweise hat etwas ungemein Ansteckendes. Den Höhepunkt bildet das große Wort in 6,33; für viele Christen über Generationen hinweg ist es zu einem der großen Lebensworte (das Wort für die Frage nach dem eigentlichen Lebensziel!) geworden (vgl. dazu auch Phil 4,6; 1Petr 5,7).

Das Kapitel 7 (7,1-23) enthält **vier Schlussmahnungen und vier Schlusswarnungen** (vgl. das Schaubild). Wir stehen hier vor einer Zusammenstellung verschiedener Themen der Nachfolge, die alle miteinander helfen, den Weg durch das Dickicht von Problemen und Konflikten zu finden. Wegmarkierungen will Jesus geben, wenn er den Spiegel vor Augen hält und den menschlichen (besonders unter Christen anzutreffenden!) Richtgeist entlarvt (7,1-5), wenn er mit der „goldenen Regel" (7,12!) eine sehr realistische Hilfe zum Umgang miteinander gibt, und wenn er vor falschen Propheten und vor Selbsttäuschung warnt (7,15-23). Kostbar soll den Nachfolgern Jesu das heilige Evangelium sein (7,6); hilfreich auf dem Weg ist (damit wird 6,5ff unterstrichen) das Leben im Gebet, dem Jesus hier eine besondere Verheißung gibt (7,7!). Wissen muss die Gemeinde, dass der Weg zum Ziel ein schmaler Weg (7,13f) ist, ein Weg gegen den Strom, ein Weg der Zivilcourage, oft auch ein Weg der Einsamkeit, den die Leute ablehnen und wo Verfolgung angezeigt ist (vgl. 5,10-12). Aber dieser Weg führt zum Leben (7,14), und damit lohnt es sich, ihn und nur ihn allein zu gehen (vgl. Mt 5,3-12).

Die letzte der Schlusswarnungen und gleichzeitig die letzte Äußerung Jesu in der Bergpredigt ist das Gleichnis vom Hausbau (7,24-28). Hier kommt heraus, wie Jesus selbst seine Rede verstanden wissen will: Das Hören reicht nicht; auf das Tun kommt es an! Nur da, wo Menschen dem Wort Jesu gemäß leben, hat ihr „Lebenshaus" genug Festigkeit, um den Stürmen der Zeit zu trotzen. Insofern hat und behält die Bergpredigt einen rigoristisch-strengen Grundzug, der klare Konsequenzen fordert.

Aber da sind nicht nur die strengen Worte, da ist auch der Messias Jesus Christus selbst, dessen Angesicht den Glanz des messianischen Reiches spiegelt und dessen tröstende und ermutigende Rede (5,3-16; 6,25-34) der scharfen Vermahnung vorausgeht. Der Blick auf sein Angesicht und die Aussicht auf sein Reich lassen Kräfte wachsen und Freude aufbrechen, um gemäß den Gesetzmäßigkeiten dieses Reiches zu leben.

Die Verse 7,28f lassen die Wirkung dieser gewaltigen Rede ahnen. Wir stehen – so will es uns Matthäus vermitteln – am Schluss der ersten großen Rede Jesu und stellen fest, dass hier einer spricht, „der Gewalt hat" (7,29). Jesus erweist sich in dieser Rede als der eigentliche und gottgesandte Lehrer Israels, neben dem alle anderen verblassen müssen (7,29!).

Die Bergpredigt nach Matthäus ist sehr viel ausführlicher als die Feldrede des Lukas (vgl. die Eingangsbemerkungen zu Mt 5-7). In dieser Rede spiegelt sich viel stärker als bei Lukas die Auseinandersetzung mit dem jüdischen Gesetz (5,17-48) und der jüdischen Frömmigkeit wider (6,1-18). Hier steckt auch wesentliches Sondergut des Matthäus. Der judenchristliche Hintergrund der Bergpredigt ist jederzeit erkennbar. So erklärt sich auch die Gliederung (s. o.) und die Länge der Bergpredigt. Gemeinsamkeiten mit der lukanischen Feldrede sind natürlich vorhanden; deutliche Unterschiede aber auch.

Merkverse: Mt 5,3-10; 5,13-14; 6,9-13; 6,24; 6,33; 7,7f; 7,12; 7,13f; 7,24

_____ Fragen:

– Die Bergpredigt nach Matthäus ist eng verbunden mit der Feldrede bei Lukas (6,20-49). Benennen Sie Gemeinsamkeiten und Unterschiede.

– Die Seligpreisungen spiegeln das Angesicht Jesu wider, hieß es zuvor. Wie lässt sich diese Aussage begründen? Wir suchen nach Worten und Taten aus dem Leben Jesu, die diese Aussage erhärten (vgl. z.B. Mt 11,25-30; Mk 3,22-30; Mt 18,21-35 usf.).

– Die Worte in Mt 5,13-16 sind zunächst als Ermutigung gedacht. Wir benennen Ereignisse in der eigenen Gemeinde und aus dem eigenen Leben, die davon Ausdruck geben (keine falsche Bescheidenheit!), dass die Zusage Jesu schon Wirklichkeit geworden ist.

– Wie soll man Sprüche Jesu wie in Mt 5,21ff und 5,38ff wirklich leben? Wir nehmen uns Zeit zu gründlicher Selbstprüfung vor Gottes Wort und zu neuer Orientierung.

– Welche Rolle spielte bisher das Vaterunser (6,9-13) in unserem Leben? Wie lässt es sich neu entdecken?

– Der Abschnitt vom Nicht-Sorgen in 6,25-34 ist wunderbar befreiend und doch schwer zu leben. Wie können wir einander zu solch befreitem Lebensstil helfen? Was bietet Jesus an Hilfen an, wovor warnt er?

– Das Wort vom Schätze-Sammeln (6,19ff) steht gegen alles heutige Lebensgefühl. Wie stehen wir, die wir alle tief in der materialistischen Gesellschaft verwurzelt sind, zu dieser Herausforderung?

Der Messias der Tat
Matthäus 8 – 9

Wir erinnern uns: In Mt 4, 23 stand eine Art Inhaltsangabe für die kommenden fünf Kapitel. „Und Jesus zog umher in ganz Galiläa, lehrte in ihren Synagogen und predigte das Evangelium von dem Reich und heilte alle Krankheiten und alle Gebrechen im Volk", hieß es da. Lag in den Kapiteln 5–7 der Schwerpunkt auf der Lehre und der Predigt, so liegt er jetzt auf den Taten Jesu. Er erweist sich damit als der, der durch Wort und Tat unter den Menschen wirkt. Dass diese Zusammenstellung des Wirkens Jesu vom Evangelisten Matthäus ausdrücklich gewollt ist, lässt der Vers 9,35 erkennen, der eine Art Schlusspunkt setzt und bewusst 4,23 wiederholt.

Was bei Markus über mehrere Kapitel verteilt steht, findet sich hier komprimiert in den Kapiteln 8 und 9. In Kapitel 8 finden wir die Geschichten, die bei Markus „Kapernaum-Geschichten" (Mk 1,21-45) genannt werden. Ebenso finden sich in den Kapiteln 8 und 9 die sogenannten See-Genezareth-Geschichten (vgl. bei Markus Kap. 4 und 5)[7]. Schließlich hat Matthäus hier auch einen Teil der Geschichten aufgenommen, die bei Markus unter dem Thema „Konfliktszenen" (vgl. Mk 2 und 3) standen. Außerdem finden sich hier Texte, die Markus nicht hat: Zum einen ist es die Geschichte des Hauptmanns von Kapernaum (8,5-13), die sich noch bei Lukas und Johannes findet, der Passus über den „Ernst der Nachfolge" (8,18-22), der auch noch bei Lukas steht, und, sozusagen als Sondergut, die Erzählung von der Heilung zweier Blinder und eines Stummen (9,27-33).

Bei oberflächlichem Hinsehen kann man meinen, Matthäus habe hier komprimiert Raum geschaffen, um den Messias des Wortes auch als Messias der Tat zu erweisen. Deshalb habe er hier die meisten der Heilungs- und sonstigen Wundergeschichten platziert, die er bei Markus und anderswo finden konnte.

---

[7] Vgl. hierzu mein Buch „Markus-Evangelium. Kleines Bibelseminar", Neukirchen-Vluyn, 2002.

Das ist sicher auch nicht falsch, nur war Matthäus nicht nur Sammler, sondern auch bewusst Gestalter und Komponist.

In Kapitel 8 sind wesentlich Geschichten zusammengestellt, die Jesus als den souveränen Herrn erweisen. Am Anfang stehen drei Abschnitte, die Jesus als Herrn über verschiedene Krankheiten zeigen (8,1-17). Mehr gegen Schluss (8,23-34) steigert sich die Vollmacht Jesu: Er erweist sich auch als der Herr über Wind und Wellen und über die Fülle der bösen Mächte. Dabei ist es wie bei Markus auch: Jesus will keine Schau, er will eher im Verborgenen handeln, aber er kann es doch nicht. Die Nachricht von ihm verbreitet sich überall. Was aber anders ist als bei Markus: Hier, in Kapitel 8, wird sofort deutlich, dass die Wundertätigkeit Jesu nicht für sich steht: Die Größe Jesu ist das eine, sein Weg in Armut und Leiden das andere. Mitten drin in diesem Kapitel steht das Wort Jesu vom Ernst der Nachfolge (8,18-22), damit gar keine Missverständnisse entstehen: Wer bei Jesus ist, kann sich freuen an seiner wundervollen Zuwendung und Hilfe. Er wird aber zugleich hinein genommen in die Nachfolge, und die hat auch mit Entbehrungen zu tun. Der Weg hinter Jesus her geht auf ein großes Ziel zu, unterwegs aber ist er dornig und schwer. Das zu hören bleibt den Jüngern nicht erspart.

In Kapitel 9 werden Wundergeschichten dokumentiert wie in Kapitel 8. Dennoch ist hier ein ganz anderer Klang drin. War in Kapitel 8 schon der Klang vom Ernst der Nachfolge zu hören, so verstärkt sich dieser jetzt: Die Geschichten in Kapitel 9, so strahlend einige von ihnen auch sein mögen, lassen doch deutlich erkennen, dass Jesus einen schweren Weg vor sich hat. Der souveräne Herr (Kap. 8) wird immer mehr der umstrittene (Kap. 9). Deutlich wird das in 9,1-17; hier folgt Matthäus ganz der Markus-Fassung und stellt eine Konfliktszene neben die andere. Die Gegner treten auf und bringen ein Argument nach dem anderen, um Jesus eine Falle zu stellen. Es gelingt ihnen nicht, aber die Absicht ist deutlich. Sie verstehen ihn nicht und wollen ihn nicht. Und die, die ihn eigentlich wollen müssten, die Jünger des Johannes, verstehen ihn nicht und wissen mit ihm nichts anzufangen (9,14ff). Der Gipfel steht in 9,34: Jesus wird bezichtigt, „er treibe die bösen Geister durch ihren Obersten aus".

Der Messias der Tat (Matthäus 8-9)

Der souveräne Herr (der Machterweis Jesu) bleibt fremd – Vom Ernst der Nachfolge

3	„ich will"	Herr über Unreinheit	8,1-4	Der Aussätzige
7	„ich will"	Herr über Krankheit	8,5-13	Hauptmann von Kapernaum
			8,14-15	Schwiegermutter des Petrus
			8,16-17	Summarium
15	„er berührte"	Vom Ernst der Nachfolge	8,18-22	Zwei verschiedene Nachfolger
26	„er bedrohte"	Herr über Naturgewalten	8,23-27	Sturmstillung
32	„fahret hin"	Herr über Dämonen	8,28-34	Zwei besessene Gadarener

Der umstrittene Herr (das Profil Jesu) wird verkündigt – Der Weg in die Nachfolge

3	„er lästert"	Der Menschensohn: >Lobpreis	9,1-8	Der Gelähmte
11	„warum isst er?"	Der Arzt: >Nachfolge	9,9-13	Berufung des Matthäus
14	„warum fasten wir?"	Der Bräutigam: >Freude	9,14-17	Jesus und die Fastenfrage
24	„sie verlachten ihn"	Der Heiland: >Glaube	9,18-26	Tochter des Jairus und die blutflüssige Frau
34	„den Herrscher der Dämonen treibt er aus..."	Der Sohn Davids: >Zeugnis	9,27-34	Zwei Blinde Ein besessener Stummer

So stehen wir hier vor dem Messias der Tat und freuen uns an seiner Vollmacht. Dennoch werden wir hinein genommen in seinen Weg ans Kreuz, der schon mit der Kindheitsgeschichte begonnen hatte und sich hier fortsetzt. Zugleich werden wir zur Nachfolge, hinter Jesus her, aufgerufen. Dabei ist es gerade der Hauptmann von Kapernaum, dieser doch eigentlich fremde Zeitgenosse, der vormacht, was Nachfolge heißt und wie sich das leben lässt (8,5-17). Dahinter steht auch schon die Erkenntnis, dass die einen, die eigentlich die Erben des Reiches Gottes sind, es gar nicht wollen und sich der Nachfolge versagen. Die anderen aber, die Heiden, die eigentlich gar nicht da hin gehören, die suchen und finden Einlass im Reich Gottes. Dieses Motiv wird immer wiederkehren in der Botschaft des Matthäus.

Merkverse: 8,20; 9,13
_____ F r a g e n :

– In den Kapiteln 8 und 9 spiegelt sich der Glanz der Vollmacht Christi, zugleich kommt der Ernst der Nachfolge heraus. Was ist uns die Nachfolge Jesu wert? Was verstehen wir überhaupt darunter? Wie kann sie konkret werden? Ein Rückblick auf die Bergpredigt ist hier durchaus sinnvoll, ja nötig.
– Der damals Macht hatte, Jesus, hat sie auch noch heute. Wie erfahren wir seine Machterweise? Was können wir da aufzählen und weitergeben?

Missionarisch leben
Matthäus 9,36 bis Kapitel 11

Es ist deutlich geworden: Jesus ist der, der durch Wort und Tat wirkt. Seine Bergrede steht noch deutlich vor Augen; seine Wundertaten, von denen in den Kapiteln 8 und 9 die Rede war, auch. In 9,35 findet dieser große Abschnitt der Kapitel 5-9 seinen Abschluss.

Aber nun! Hat sich Jesus seinen Jüngern in Wort und Tat offenbart, so beginnt jetzt der Ruf in die Nachfolge, ganz konkret der **Ruf in die Mission.** Was die Jünger an Jesus erfahren haben, sollen sie weitersagen. Jüngerschaft bedeutet immer auch Zeugenschaft: Menschen, die Jesus folgen, tun das nicht schweigend, sondern beredt. Ihnen liegt alles daran, das Evangelium von Jesus, dem Christus, unter die Leute zu bringen. In einer eindrucksvollen Komposition der Kapitel 10 und 11 kommt heraus, was Jesus seinen Jüngern zum Thema „Nachfolge in der Mission" zu sagen hat. Gleichzeitig stehen wir hier vor der **2. großen Rede Jesu** nach der Botschaft des Matthäus-Evangeliums.

Missionarisch leben (Mt 9,36-11,30)

9,36-38	**Der Anstoß** zum missionarischen Dienst	Rahmen
10,1-4	**Die Bevollmächtigung** zum missionarischen Dienst	
10,5-16	**Die Sendung** in den missionarischen Dienst - *Die Begrenzung des Dienstes* - *Der Inhalt des Dienstes* - *Der Lebensstil im Dienst* - *Die Methode des Dienstes* - *Die Weisheit im Dienst*	Aussendungs-rede 1.Teil
10,17-42	**Das Leiden** im missionarischen Dienst - *10,17-25: Fest in Verfolgungen* - *10,26-39: Furchtlos im Bekenntnis* - *10,40-42: Reich im Lohn*	Aussendungs-rede 2. Teil; Ende 11,1
11,1-24	**Die Einsamkeit** im missionarischen Dienst - *Johannes versteht Jesus nicht (11,3). Jesu Antwort: Die Nähe des Reiches Gottes.* - *Das Volk versteht Jesus nicht (11,7). Jesu Antwort: Die Größe Johannes des Täufers* - *Ganze Städte verstehen Jesus nicht (11,25).* - *Jesu Antwort: Die Nähe des Gerichts.*	Rede Jesu über Johannes den Täufer
11,25-30	**Der Trost** im missionarischen Dienst:	Heilandsruf

Am Anfang (9,36-38) steht **Jesu Blick der Barmherzigkeit.** „Er sah das Volk, und es jammerte ihn", heißt es im Text. Evangelisation, Mission, Ausbreitung des Evangeliums hat es immer mit diesem Blick der Barmherzigkeit zu tun, nicht aber mit dem kalten Blick des Erfolgs. Die Liebe zu den Menschen soll sich in jedem evangelistischen Dienst spiegeln. Nur dieser Blick geht wirklich in die Tiefe und erfährt, wie es den Menschen geht. Nur dieser Blick, der missionarisch und diakonisch zugleich ist, ist der Ansatz der Nachfolge. Und dann das andere: Jesus macht seinen Jüngern klar, dass die Ernte groß ist. Es ist nicht so, wie viele denken, dass sie in geistlich dürrem Land leben und auf den Platzregen des Heiligen Geistes warten müssten. Nein, sagt Jesus, es liegt nicht an der Ernte. Die liegt da und will gehoben sein. Es liegt an den Mitarbeitenden. Davon gibt es zu wenige. Die kann man aber auch nicht einfach „machen". Die wollen erbeten sein. Diese Aufgabe legt Jesus seinen Jüngern zunächst auf: Vor allem Planen einer Evangelisation oder missionarischen Aktion soll das Gebet stehen, das Gebet um die rechten Mitarbeiter.

Im zweiten Abschnitt (10,1-4) folgt die **Bevollmächtigung der Jünger.** Die, die den Dienst der Mission tun sollen, werden auch dazu befähigt. Sie werden geschickt mit der Vollmacht Jesu. Berufene sind immer Begabte, Bevollmächtigte. Dass anschließend die Namen der Jünger einzeln genannt werden, markiert den Ernst und die Einzigartigkeit des Dienstes: Aussendung in die Mission hat nichts mit Masse, sondern mit Personen zu tun. Es wird um Mund-zu-Mund-Evangelisation gehen.

Im Folgenden (10,5-16) **ruft Jesus die Jünger in den Dienst,** ganz konkret und ohne Schnörkel. Wir haben hier **die Aussendungsrede, die zweite große Rede Jesu im Matthäus-Evangelium vor uns, nach der Bergpredigt.** Dabei ist interessant, dass die Jünger zunächst die Begrenzung ihres Dienstes erfahren, nicht die Weite. Am Anfang steht das „Gehet nicht" und nicht das „Gehet". Im Unterschied zu Mt 28,16-20, dem sogenannten Missionsbefehl, wird hier gerade nicht zum Dienst in der weiten Welt aufgerufen, sondern zum Dienst an Israel. Dieser Gedanke des „Israel zuerst" durchzieht das ganze Evangelium. Der judenchristliche Hintergrund ist deutlich erkennbar. – Dann aber legt Jesus den Jüngern vor, was sie verkündigen sollen, den Inhalt der Verkündigung. Er weist sie an zu einem glaubwürdigen Lebensstil, erklärt ihnen, wie sie es anstellen sollen mit dem Verkündigungsdienst, vor allem dann, wenn sie nicht gehört werden. Schließlich richtet er ein Weisheitswort an seine Jünger: Sie sollen klug sein wie die Schlangen und ohne Falsch wie die Tauben.

Mit diesen Sätzen hat Jesus den Jüngern das Entscheidende zu ihrem Dienst gesagt. Sie können also losgehen. Aber da fehlt noch etwas. Denn er weiß, dass sie in Drucksituationen kommen werden. Er weiß um die Feinde des Evangeliums, die alles tun wollen, um zu verhindern, dass Jesus zu den Menschen kommt. Darum folgt nun eine weitere Rede (10,17-42) im gleichen Zusammenhang. **Jesus weist seine Jünger in das Leiden ein**, eine Wirklichkeit der Christenheit, die auch heute in weiten Teilen der Welt präsent ist. Mit Leiden sind hier keine körperlichen Gebrechen gemeint, auch keine Depressionen oder Schicksalsschläge, sondern Nöte und Druck angesichts von Verfolgungen, von Ablehnung, von Gegnerschaft. Jesus ruft seine Jünger auf, in solchen Verfolgungen fest zu bleiben und am Bekenntnis festzuhalten, auch wenn die Gegner alles tun wollen, um genau dies zu verhindern. Die, die treu bleiben, werden, so verheißt es Jesus, großen Lohn empfangen. Um Jesus geht es, und das verändert alles. Wer Jesus nachfolgt, der geht den Weg hinter ihm her, den Jesus selbst gegangen ist. Der kann auf dem Weg auch darauf vertrauen, dass der Geist Gottes ihm eingeben wird, was er sagen soll, wenn der Druck und die Angst ihn verstummen lassen wollen.

Im folgenden Abschnitt (11,1-24) wird der Weg noch dorniger. War eben vom Leiden die Rede, so geht es jetzt um die **Einsamkeit im Dienst.** Kapitel 11 ist nicht unbedingt mit Kapitel 10 zusammen zu sehen, dennoch ist da eine tiefe gemeinsame Linie, die meines Erachtens durchaus zulässt, diesen Bogen auch aufzuzeigen und durchzuhalten. In diesem Kapitel geht es zunächst um das Nicht-Verstehen: **Johannes versteht Jesus nicht,** das Volk versteht Johannes und auch Jesus selbst nicht, ja, ganze Städte verstehen Jesus nicht. **Zunächst Johannes:** Seine große Frage: „Bist du es, der da kommen soll, oder sollen wir auf einen anderen warten?", hat sich vielen Generationen tief eingeprägt. Jesu Antwort, die seine missionarische Wirklichkeit und Wirkkraft beschreibt, auch (11,5f). Er zeigt sich als der gekommene Messias, aber die Menschen können es nicht verstehen. Johannes ja vielleicht noch am ehesten, aber auch er braucht entsprechende Nachhilfe. „Selig, wer sich an mir nicht ärgert", ruft Jesus den Jüngern des Johannes zu und benennt damit, was Menschen seitdem immer wieder getan haben: Sie haben Jesus als wunderbaren Menschen beschrieben, aber sie haben bestritten, dass er Gottes Sohn und damit der Retter der Welt ist. Sie wollten ihn verehren, sie wollten aber nicht von ihm gerettet werden.

Und dann das Volk: Jesus sagt es mit Nachdruck: Wie man es auch machen will, man macht es nicht recht. Wenn einer wie Johannes das Volk zum Fasten aufruft, ist es nicht recht, wenn es aber feiern soll, wie Jesus es geboten hat, so ist das auch nicht recht. Wie man es macht, so ist es falsch. Das Volk läuft gern hinterher, aber nur aus Sensationslust und mit erheblichen Grenzziehungen. Und die Laune ist schnell vorbei. **Und dann ganze Städte:** Sie verstehen die Sendung Jesu nicht. Was er auch sagt, sie interpretieren es falsch. So ist dieser ganze Abschnitt von einem Thema durchzogen, das ja durchaus und in besonderer Weise noch mit der Sendung der Jünger zu tun hat: Es geht um die Erfahrung der Einsamkeit in der Nachfolge Jesu. Es geht um das Wissen, dass die Menschen sehr oft nicht wollen und auch nicht verstehen wollen, worum es bei der Mission geht. Die Rede von der Einsamkeit ist dabei keine Selbstbespiegelung, sondern nüchterne Beschreibung der Lebenswirklichkeit der Christenheit, auch wenn solche Erkenntnisse in den vom Christentum geprägten Kulturen nur selten gemacht werden. Woanders ist das alles wesentlich besser zu verstehen.

Am Ende des Abschnitts steht aber nicht der Frust, sondern der Trost. **Der Heilandsruf** (11,25-30) ist der krönende Abschluss des Ganzen. Er allein schon bewahrt die Christenheit vor dem Geist der Resignation, wenn Leiden und Einsamkeit massiv erfahren werden. Es ist eine besondere Rede Jesu, die alles vorher Gesagte einmünden lässt in den Lobpreis Gottes. Jesus beschreibt in Worten, die sprachlich dicht bei Aussagen des Johannes-Evangeliums stehen (ein „johanneischer Meteorit"; O. Michel), wie innig die Beziehung zwischen Vater und Sohn ist. Und dann wendet sich Jesus den Jüngern zu und lädt sie ein, bei ihm abzuladen, zur Ruhe zu kommen (wörtlich: eine Pause zu machen), in seiner Nähe zur Leichtigkeit des Seins zu finden und den Geist der Schwere abzulegen. Dahinter steht auch eine Auseinandersetzung mit jüdischer Gesetzesfrömmigkeit: Es geht nicht nur einfach darum, im missionarischen Dienst bei Jesus zur Ruhe zu kommen, sondern in seiner Nähe zu erfahren, was gelebte Rechtfertigung ist, nämlich nicht leistungsorientiert nach strengen und starren Regeln leben zu müssen, sondern sich von Jesus beschenken zu lassen. Dieser letzte Abschnitt in Mt 11 steht in klarem Kontrast zum Missionsbefehl in Mt 28: Heißt es da: „Gehet hin und macht zu Jüngern alle Völker", so heißt es hier: „Kommt her zu mir alle, die ihr mühselig und beladen seid; ich will euch erquicken." Wer bei Jesus zum Gehen aufgefordert wird, wird auch wieder zum Kommen eingeladen – und umgekehrt!

Matthäus 11,25-30	Matthäus 28,18-20
25 Zu der Zeit fing Jesus an und sprach:	18 Und Jesus trat herzu und sprach zu ihnen:
Ich preise dich, Vater, Herr des Himmels und der Erde, weil du dies den Weisen und Klugen verborgen hast und hast es den Unmündigen offenbart. 26 Ja, Vater; denn so hat es dir wohlgefallen. 27 Alles ist mir übergeben von meinem Vater; und niemand kennt den Vater als nur der Sohn und wem es der Sohn offenbaren will.	Mir ist gegeben alle Gewalt im Himmel und auf Erden
28 Kommt her zu mir, alle, die ihr mühselig und beladen seid; ich will euch erquicken. 29 Nehmt auf euch mein Joch und lernt von mir; denn ich bin sanftmütig und von Herzen demütig; so werdet ihr Ruhe finden für eure Seelen.	19 Darum gehet hin und machet zu Jüngern alle Völker: Taufet sie auf den Namen des Vaters und des Sohnes und des heiligen Geistes 20 und lehret sie halten alles, was ich euch befohlen habe.
30 Denn mein Joch ist sanft, und meine Last ist leicht.	Und siehe, ich bin bei euch alle Tage bis an der Welt Ende.

Damit ist ein großer Abschnitt abgeschlossen. Waren die Kapitel 5-7 schon sehr eigenständig gestaltet, so nun auch die Kapitel 10-11. In beiden Abschnitten finden sich große Reden Jesu; dem Evangelisten Matthäus war es offenbar wichtig, diese Reden herauszuheben und besonders zu strukturieren. Im Folgenden erkennen wir wieder deutlicher den Gesamtduktus synoptischer Tradition und folgen wieder verstärkt der Markus-Fassung, die in den Kapiteln 10 und 11 nur schwer zu erkennen war.

Merkverse: 9,37f; 10,16; 10,32f.; 10,39.40;
11,5f;11,25-30

_____ Fragen:

– Jesu Blick der Barmherzigkeit: Wie sehen wir die Menschen um uns herum, wenn wir sie mit seinen Augen sehen? Was macht das mit uns?

– Unsere Sicht von der „Ernte": Was bedeutet Jesu großer Satz „Die Ernte ist groß" für unsere Gemeinde, für unser missionarisches Handeln in Deutschland?

– Wir sprechen viel von der Strategie der Mission: Welche Akzente setzt Jesus in seiner Aussendungsrede an die Jünger? Was haben wir davon zu lernen?

– Es ist eine große Lebenshilfe, wenn wir den Heilandsruf (11,25-30) auswendig können. Bitte lernen! Und dann auch den Missionsbefehl (28,16-20) auswendig lernen! Was will uns Jesus mit *beiden* Worten sagen?

Jesu Auseinandersetzung mit seinen Gegnern
Matthäus 12 – 16

Eben war davon die Rede, dass Mission und Leiden zusammengehören. Jetzt rückt das Leiden auch an Jesus selbst immer näher heran. Die Auseinandersetzungen mit denen, die Jesus ablehnen, werden schärfer. Der „Skandal" (Mt 11,6), den Jesus darstellt, wird immer offensichtlicher. Das spiegelt sich nun auch in den folgenden fünf Kapiteln. Wir können sie mit der Überschrift „Jesu Auseinandersetzung mit seinen Gegnern" versehen.

Dieser Zug der Auseinandersetzung zieht sich schon durch das ganze Kapitel 12. Es beginnt gleich mit einem doppelten Paukenschlag: Jesus lässt zu, dass seine Jünger am Sabbat Ähren ausraufen, um sich davon ernähren zu können. Und er heilt – wiederum am Sabbat – einen Mann mit einer verdorrten Hand. Diese beiden Aktionen schon genügen eigentlich, um Jesus anzuklagen und zu überführen, denn er verstößt eindeutig gegen das Sabbatgebot, und – das ist das Schlimme – gleich zweimal. Auch das Gleichniskapitel 13 ist voll von Abgrenzungen gegenüber denen, die sich auf das kommende Reich Gottes bzw. den gekommenen Messias (vgl.11,1-6) nicht einlassen wollen. In den Kapiteln 14,1 – 16,12 sind zumindest die Abschnitte 15,1-10; 16,1-4 und 16,5-12 voll mit scharfen Zurechtweisungen seiner Gegner. Diese lassen sich – wie auch sonst durchgehend bei Matthäus – an der jüdischen Oberschicht, insbesondere an den Pharisäern, Schriftgelehrten (15,1; 16,12) und Sadduzäern (16,12) festmachen.

Was die synoptische Tradition anbelangt, so folgt Matthäus weithin der Markus-Vorlage; stellenweise schöpft er aber auch – übrigens zusammen mit Lukas – aus der oben schon vorgestellten anderen Quelle, die in der Forschung als Spruchquelle Q bezeichnet wird. Da Matthäus und Lukas offensichtlich im Wesentlichen diese beiden Quellen (Mk und Q) benutzen, spricht man im Blick auf die schriftliche Abfassung der drei ersten Evangelien (s. Einleitung) von der sogenannten Zwei-Quellen-Theorie. Also: Matthäus folgt neben der Markus-Vorlage noch einer anderen, die wir auch in den folgenden Passagen als Spruchquelle Q bezeichnen. Matthäus hat aber außerdem (wie Lukas) eigenes Sondergut, er verwendet also Texte, die nur er kennt und die damit auch einmalig sind im Blick auf den gesamten Stoff der vier Evangelien.

Jesu Auseinandersetzung mit seinen Gegnern (Matthäus 12,1-16,12)

Konfliktszenen (12) mit Beelzebubrede Jesu (12,25-37)	Gleichnisrede Jesu (13)	Jesus und Johannes (13,53-14,12)	Mahlgeschichten und weitere Konflikte (14,13-16,12)
Sabbatheilungen Ährenausraufen Ein Mensch mit einer leblosen Hand	Einleitung	Jesus in Nazareth	Speisung der 5000
Heilung eines Besessenen/ Beelzebubrede Jesu	Vom Sämann: Darlegung und Deutung	Enthauptung des Täufers	Seewandel und sinkender Petrus
Vom Zeichen des Jona	Unkraut unter dem Weizen: Darlegung		Heilung von Kranken (Summarium)
Rückkehr unreiner Geister	Senfkorn und Sauerteig		Von Reinheit und Unreinheit (Verunreinigung von innen)
Die wahren Verwandten Jesu	Unkraut unter dem Weizen: Deutung		Die kanaanäische Frau (Verunreinigung von außen)
	Schatz im Acker und kostbare Perle		Heilungen vieler Kranker (Summarium)
	Fischnetz		Speisung der 4000
	Abschluss		Die Zeichenforderung der Pharisäer
			Warnung vor der Lehre der Pharisäer und Schriftgelehrten

Diese Texte verteilen sich wie folgt:

In Mt 12 finden wir die Abschnitte aus Mk 3 fast vollständig wieder; außerdem verwendet Matthäus Spruchgut aus der Quelle Q (vgl. 12,22-37 und 12,43-45).

In Kapitel 13 übernimmt Matthäus die Gleichnisse aus Mk 4 großenteils, um ihnen aber eine ganz andere Einteilung zu geben: Das Gleichnis vom Sauerteig ist – der Q-Vorlage entsprechend (vgl. Lk 13,18-21) – dem Gleichnis vom Senfkorn angegliedert worden, auf das Gleichnis von der selbstwachsenden Saat (Mk 4,26-29) verzichtet er merkwürdigerweise: Vielleicht hat er es gar nicht gekannt? An dieser Stelle bringt er das Gleichnis vom Unkraut unter dem Weizen. Hinzu fügt er das Doppelgleichnis vom Schatz im Acker und von der kostbaren Perle (13,44-45), das vielleicht einmal mit dem Doppelgleichnis vom Senfkorn und vom Sauerteig gemeinsam überliefert worden ist (vgl. E. Schweizer, NTD, z.St.). Schließlich fügt Matthäus noch als Sondergut das Gleichnis vom Fischnetz ein (13,47-50). So kommt Matthäus auf sieben Gleichnisse in Kapitel 13 – gegenüber den vier Gleichnissen, die in Mk 4 überliefert worden sind.

Ab 13,53-16,12 folgt Matthäus wieder weithin der Mk-Fassung (vgl. Mk 6,1-8,26). Die beiden bei Markus in den Kapiteln 7 und 8 vorgelegten Heilungen (Mk 7,31-37 und Mk 8,22-26) entfallen allerdings hier bei Matthäus; er hat sie entweder nicht gekannt oder nicht übernommen. Umgekehrt bringt Matthäus ein Summarium zur Sprache (Mt 15,29-31), das sich bei Markus nicht findet.

Ein Blick auf die einzelnen Abschnitte zeigt Jesus als den, der souverän als der gekommene Messias erkennbar ist, der aber gerade deshalb immer stärker bekämpft wird. Kaum sind die ersten Auftritte Jesu vorüber, die ja mit viel Glanz und auch mit wachsendem Zuspruch zu tun hatten, so kommt jetzt auf Jesus zu, was er in der Aussendungsrede (Mt 10) den Jüngern vorausgesagt hat: Jesus selbst und seine Nachfolger müssen damit rechnen, dass die Leute sie nicht wollen, dass sie abgelehnt und ausgegrenzt, ja dass sie im schlimmsten Falle als Märtyrer umkommen werden. In Kapitel 12 und auch in Kapitel 14 wird das mehr als deutlich (vgl. die Paralleltexte in Mk 3 und 6): Jesus muss sich immer kritischeren Fragen stellen. Und schon an der Geschichte, die die Heilung des Mannes mit der verdorrten Hand (Mt 12) erzählt, wird deutlich, dass Jesu Weg mit seinem Tod enden wird. In Kapitel 14 ist es wie in Mk 6: Der Leidensweg von Johannes dem Täufer wird der Vorschein des Weges, den Jesus nach ihm gehen wird. Wieder ist und bleibt Johannes der Vorläufer, zum einen in seiner Bußpredigt und seiner Ansage des Kommens Jesu, nun auch in seiner eigenen Leidengeschichte.

Das Kapitel 13 steht bei Matthäus ganz für sich; wir stehen wieder vor einer der sieben großen Reden Jesu. Matthäus stammt aus judenchristlichen Kreisen, so hieß es in der Einleitung, und schreibt auch für Judenchristen, die schon eine Menge Erfahrung mit dem Wort Gottes haben. Interessiert ist Matthäus besonders an der Lehre Jesu; hier setzt er entscheidende Akzente, die sich sonst bei den Evangelisten so nicht finden. Hatte Matthäus schon die große Bergrede als erste Rede vorgelegt, so folgte dann in Kapitel 10 die Aussendungsrede. Dies hier ist die Gleichnisrede, hier hat Matthäus sieben wichtige Gleichnisse Jesu zusammengestellt.

Von den sieben Gleichnissen sind fünf aus dem Bereich der Landwirtschaft genommen, zwei aus dem Bereich des Fischfangs. Mit den Gleichnissen will Jesus sagen: So ist das mit dem Reich Gottes: Was klein ist, wird groß. Und wenn auch manches nicht aufwächst, so bleibt doch genug übrig, damit reiche Frucht wachsen kann. Darum soll man auch nicht vor der Zeit ausraufen, was an Unkraut da ist. Man könnte ja sonst auch die gesunden Pflanzen mit ausreißen. So ist das mit dem Reich Gottes: Es kommt bestimmt, auch wenn man davon noch nicht viel sieht. Niemand wird es hindern. Man sollte aber verhindern, selber urteilen zu wollen, wer reinkommt und wer nicht. Das wird am Ende deutlich werden. Für den Weg ist gesagt: Das kommende Reich ist eine Kostbarkeit. Wer darauf

Matthäus 13
Die Gleichnisrede Jesu (sieben Gleichnisse)

13,1-3a	Einleitung	
13,3b-9	**Vom Sämann**	
13,10-17		Vom Sinn der Gleichnisse
13,18-23		Deutung des Gleichnisses vom Sämann
13,24-30	**Vom Unkraut unter dem Weizen (SG)***	
13,31-32	**Vom Senfkorn**	
13,33	**Vom Sauerteig**	
13,34-35		Die Bedeutung der Gleichnisse (Mk)**
13,36-43		Deutung des Gleichnisses vom Unkraut unter dem Weizen (SG)
13,44	**Vom Schatz im Acker (SG)**	
13,45-46	**Von der kostbaren Perle (SG)**	
13,47-50	**Vom Fischnetz (SG)**	
13,51-52		Zusammenfassende Schlussbemerkung (SG)
13,53	Abschluss (SG)	

* Sondergut Matthäus
** Gemeinsam mit Markus, nicht bei Lukas

stößt, der hat das Glück seines Lebens gefunden. Der wird alles, was ihm vorher wichtig war, lassen, um dieses Leben im Glanz Gottes zu ergattern. Darum sollen wir sein wie die Bauern, die ihre Saat auswerfen: Wir sollen von Jesus reden, von seinem Evangelium. Es werden beileibe nicht alle an ihn glauben. Aber es werden immer wieder viele sein, die sich rufen und finden lassen und die dann wachsen und reifen.

In den Kapiteln 14-16 finden wir die Geschichten, die bei Markus in Kapitel 6-8 stehen. Hier steht das Wunder der Speisung der 5000, und dann der 4000. Hier vollzieht sich der Übergang des Evangeliums von den Juden zu den Heiden: Die große Geschichte der Heilung der syrophönizischen Frau markiert genau diesen Übergang. Hier stehen wieder Geschichten, die von Jesu scharfer Haltung gegenüber seinen Gegnern gezeichnet sind: Er entlarvt die, die nach außen hin so wirken, als sei bei ihnen alles in Ordnung, nur weil sie ihren Ritus, ihre Gottesdienste liturgisch richtig feiern. Aber innen sieht es bei ihnen schlecht aus. Jesus sieht das Herz an und lässt sich durch Äußerlichkeiten nicht blenden. Schließlich warnt er vor den Umtrieben der Lehrer seiner Zeit: Sie halten nicht, was sie versprechen.

Merkverse: 12,30;12,36;12,50;13,44
_____ Fragen:

– In Mt 12,46-59 äußert sich Jesus zum Thema „Familie". Wie sehen wir, wenn wir Christen sind, unsere Herkunftsfamilie, in der vielleicht einige nicht im Glauben an Jesus Christus stehen? Wie gelingt es uns, zusammenzuhalten, was zusammengehört und doch in der von Jesus beschriebenen Familie Gottes zusammen zu wachsen?

– Das Gleichnis vom Schatz im Acker (13,44) gehört zu den größten Kostbarkeiten der uns von Jesus überlieferten Gleichnisse. Wie können wir den Schatz des Evangeliums beschreiben – und darüber nun auch unsererseits voller Freude losziehen, um den Acker zu kaufen, – und damit auch den Schatz festzuhalten?

– Einzigartig steht bei Matthäus die Geschichte vom sinken-
den Petrus (14,28-33). Kennen wir solche Erfahrungen auch
aus unserem Leben? Und wie geht das praktisch, dass wir auf
Jesus sehen, egal wie hoch die Wellenberge sind? Was und
wer kann uns dabei helfen, diese Blickrichtung zu behalten?
– Die kanaanäische Frau lässt sich in ihrem Glauben selbst von
Jesus nicht beirren (15,21-28). Wir sprechen über unser Gebetsleben und die Erfahrungen, die wir dabei machen. Worin
kann uns diese fremde Frau Vorbild sein?

Leidensankündigungen und Nachfolge
Matthäus 16,13 – 20,34

Es wird ernst, das zeigen die folgenden Kapitel 16-20. Jesus
befindet sich noch in Galiläa, aber er richtet seinen Blick auf
Jerusalem (16,21). Hinter ihm liegen bewegte Zeiten in Galiläa, und es waren vor allem Zeiten, in denen viel von seiner
messianischen Herrlichkeit aufleuchtete, trotz allen Anfein-
dungen, von denen schon die Rede war. Nun aber geht es an
den Ort des Leidens und Sterbens, nach Jerusalem. Jesus ist
sich dessen auch durchaus bewusst. Der kommende große
Abschnitt bei Matthäus lässt sich – wie schon der entsprechende Abschnitt bei Markus (Mk 8-10) – mit „Leidensankündigungen und Nachfolge" überschreiben.

Genau darum geht es: Dreimal kündigt Jesus sein Leiden
und Sterben an (16,21-23; 17,22-23 und 20,18f), und das in
deutlicher Steigerung. Und was dann den Leidensankündigungen folgt, sind Einweisungen Jesu in die Nachfolge. Anders gesagt: Jesus will die Jünger nicht nur auf sein Leiden
und Sterben, und das heißt, auf seinen Abschied vorbereiten,
sondern er will ihnen auch verdeutlichen, wie es sich als Christ
lebt, worauf es im Christenleben ankommt.

Im übrigen endet jede der drei Leidensankündigungen Jesu mit einem Hinweis auf seine Auferstehung; wenn die Jün-

ger richtig zugehört haben, dann wissen sie, dass das Sterben Jesu nicht das Ende ist, sondern der Anfang eines neuen Lebens aus Gottes Kraft. Leider ist Zuhören nicht ihre große Stärke, – und das soll es ja auch unter uns geben. Nach jeder Leidensankündigung folgt ein Nichtverstehen oder ein Überhören: Nach der ersten Leidensankündigung will Petrus mit Jesu Leiden nichts zu tun haben; seine Leidensscheu führt ihn zu Worten der Beschwichtigung, auf die Jesus sehr hart reagiert (16,22f). Nach der zweiten Leidensankündigung und einem kurzen Abschnitt über die Tempelsteuer wissen die Jünger nichts Besseres zu tun, als sich zu streiten, wer von ihnen der Größte im Himmelreich ist (18,1ff). Und das gleiche Interesse verfolgen sie auch, nachdem Jesus zum dritten Mal von seinem Leiden und Sterben gesprochen hat: Die Mutter der Jünger Jakobus und Johannes (bekannt als „Söhne des Zebedäus") bittet darum, dass ihre Söhne in der zukünftigen Welt einmal rechts und links von Jesus sitzen und damit den ersten Platz einnehmen (20,20ff). In der Markus-Fassung sind es übrigens die Jünger selbst, die diese Bitte vortragen (Mk 10,35ff).

Der Abschnitt Mt 16-20 beschreibt, wie oben schon angesprochen, im Blick auf den Lebensweg des irdischen Jesus den Übergang von Galiläa nach Jerusalem und hat somit eine Art Scharnierfunktion. Vieles in diesem Abschnitt entspricht der sogenannten Markus-Vorlage. Wie bei Markus (8-10) geht es wesentlich um die Einweisung in die Nachfolge. Jesus lässt nichts offen, geradezu umfassend ist das, was er den Jüngern vorlegt bzw. sehr anschaulich entwickelt.

	Petrusbekenntnis 16,13-20	
1. Leidensankündigung 16,21	**2. Leidenankündigung 17,22-23**	**3. Leidenankündigung 20,18-19**
Von der Nachfolge	Zahlung der Tempelsteuer	Vom Herrschen und Dienen (die Söhne des Zebedäus)
Verklärung Jesu	**Gemeinderede Jesu (18):** - Rangstreit der Jünger - Warnung vor Verführung - **Gleichnis** vom verlorenen Schaf - Verhalten in der Gemeinde - **Gleichnis** vom Schalksknecht	Jesu Erbarmen (Heilung zweier Blinder)
Heilung eines mondsüchtigen Knaben	Von der Ehescheidung und der Ehelosigkeit Vom Kindersinn Gefahr des Reichtums Lohn der Nachfolge	
	Gleichnis von den Arbeitern im Weinberg	

Einige Besonderheiten des Abschnitts Mt 16-20 seien hier besonders hervorgehoben:

Gleich zu Beginn unseres Abschnitts findet sich die unglaubliche **Zusage Jesu an Petrus** (16,18f), die für die katholische Kirche und in ihr vor allem für das Entstehen und die Existenz des Papsttums so bedeutend geworden ist. Dem Simon Petrus wird zugesagt, dass er ein Felsen sei (wie es das Wort „petros" ja auch sagt) und dass die Gemeinde Jesu auf diesem Felsen gebaut werden soll. Und dann überträgt Jesus dem Petrus die Schlüsselgewalt und damit verbunden das Amt und die Macht des Bindens und Lösens (16,18-19). Wir sehen, wie stark die Gestalt des Petrus hier gewertet wird, obwohl er ja wenig später kläglich versagt und von Jesus mit den Worten „Geh weg von mir, Satan" scharf kritisiert wird (16,23). Wenn nun die katholische Kirche aus diesen Versen (16,18-19) wesentliche Grundlagen ihrer Kirchenlehre entwickelt hat, so hat sie da etwas getan, was in dieser Ausschließlichkeit nicht angemessen ist. Es ist keine Frage, dass Petrus für das Urchristentum eine hervorragende Bedeutung hatte und dass ihm diese Bedeutung von Jesus auch zugesprochen worden ist. Dennoch: Weder war Petrus unfehlbar, noch lässt sich aus diesen Sätzen die Lehre von der Unfehlbarkeit des Papsttums ableiten. In Joh 21,15ff findet sich noch eine ganz andere und viel bescheidenere Weise der Berufung des Petrus in ein Leitungsamt. Im übrigen wird das Amt des Bindens und Lösens in anderen Texten des Neuen Testaments wie in Mt 18,18 und Joh 20, 23 der Gemeinde insgesamt zugesprochen und nicht auf eine einzige Person zugeschnitten.

Im Anschluss an diesen Abschnitt folgen **Nachfolgesprüche** (16,24ff), die in ihrer Radikalität und Konsequenz für sich sprechen. Mancher treue Bibelleser ist über diese Verse schon gestolpert und hat sie als ungemein hart empfunden. Wir befinden uns aber hier in einer Spur mit der Bergpredigt: Das Matthäus-Evangelium hat eine rigorose und asketische Grundstimmung, die ist auch hier zu sehen und darf auch nicht abgeschwächt werden.

Weiter geht es mit der **Verklärungsgeschichte** (17,1ff), in der Jesus den Jüngern Petrus und Johannes in besonderer Weise seine Herrlichkeit zeigt und ihre Nachfolge damit auch mit seinem Glanz verbindet. Jesus nachfolgen heißt zum einen, ihm konsequent zu folgen und dabei auch Unverständnis und Abwehr in Kauf zu nehmen. Jesus nachfolgen heißt aber zum anderen, den Glanz Jesu wahrzunehmen und von diesem Glanz getragen zu werden. Jesus nachfolgen heißt aber in dieser Geschichte auch, den Vater im Himmel zu hören, der

Jesus deutlich als seinen Sohn legitimiert und die Jünger zum Gehorsam auffordert (17,5).

Im weiteren Verlauf der Kapitel **ringt Jesus um den Glauben der Jünger**, der noch nicht ausreicht (17,20). Er beschreibt, was rechte Lebenshaltung ist, die mit Herrschsucht nichts zu tun haben kann (18,1ff). Und er setzt Maßstäbe im Blick auf die Ehe; er behandelt dabei Themen wie Ehescheidung und Ehelosigkeit (19,1ff). Er spricht an, wie die junge Gemeinde mit Geld und Reichtum (19,16ff) umgehen soll und wie die Spannung zwischen Herrschen und Dienen (20,20ff) ausgehalten werden kann. Es lohnt sich, diese Abschnitte Schritt für Schritt durchzugehen und das eigene Leben damit zu verbinden. Wir werden provoziert, aber wir werden auch beschenkt, das ist keine Frage.

Das Kapitel 18 in diesem Abschnitt hat eine ganz besondere Bedeutung. Es gehört zu den fünf großen Reden im Matthäus-Evangelium, von denen in der Einleitung die Rede war. Wir erkennen das an der Einleitung (18,1) und vor allem am Schluss (19,1); deutlich markiert Matthäus die Bedeutung dieses besonderen Redekapitels Jesu. Worum geht es?

Zum einen um den Umgang mit den Kleinen, den Kindern, auch denen, die hinten anstehen und die so leicht übersehen werden. In 18,2.3.4.5.6.10.14 erkennen wir, wie wichtig Jesus diese Kleinen sind. Dies steht in scharfer Spannung zum „Normalverhalten" der „Großen", die herrschen und nicht dienen wollen – oder aber, die nicht zulassen wollen, dass sich bei den „Kleinen" ein eigenständiger Glaube entwickelt (18,6!). Gegen Arroganz, Überheblichkeit und egoistische Lebenshaltung geht Jesus hier an, und das mit aller Deutlichkeit, mal vermittelt durch einen Vergleich (18,2), mal vermittelt durch den Bezug auf den menschlichen Körper (18,8f), mal durch ein Gleichnis (18,10ff).

Zum anderen hat Jesus konkret die frisch entstandene Gemeinschaft der Glaubenden im Blick, in der Krisen und Schuld früh und erst sehr verborgen bearbeitet werden sollen (18,15-20.21ff). Hier geht es zum einen um eine eindrückliche Darstellung dessen, was früher einmal mit Gemeindezucht bezeichnet worden ist: Was geschieht, was hat zu geschehen, wenn ein Gemeindeglied am anderen schuldig geworden ist? Hier wird von Jesus ein Weg von innen nach außen beschritten, d.h. es geht nicht zuerst darum, die ganze Gemeinde zu informieren, sondern ganz im Gegenteil: Erst ist das vertrauliche Gespräch dran. Wenn das nichts bringt, dann sollen bis zu zwei Zeugen beteiligt werden. Und erst wenn das auch zu keinem Ergebnis führt, soll die Gemeinde insgesamt zusammengerufen und der Schuldige aus der Gemeinde ausgeschlossen werden. Unsere Gefahr ist oft die umgekehrte: Bevor ein Einzelgespräch geführt werden kann, weiß es oft schon die ganze Gemeinde, was ein Gemeindeglied dem anderen angetan hat. Im weiteren Verlauf der Rede in Mt 18 geht es um verschiedene Aussagen, die jede für sich kostbar und nachhaltig wirksam sind: Der Gemeinde (und nicht einem einzelnen) wird das Amt des Bindens und Lösens übertragen (18,16), der Lohn des gemeinschaftlichen(!) Betens wird als Verheißung in den Raum gestellt (18,17) und schließlich: Die größte Zusage ist die, dass Jesus da anwesend ist, wo „zwei oder drei in meinem Namen versammelt sind" (18,20). Die anschließende Gleichnisrede, bekannt als das Gleichnis vom Schalksknecht (18,21ff), macht deutlich, wie es in der Gemeinde zugehen soll, nämlich so, dass die Barmherzigkeit regiert und nicht der nackte Egoismus.

Die ganze Rede wird in der Literatur gern **„Gemeinderede"** genannt, eine, wie ich meine, gute Bezeichnung, denn darum geht es wesentlich, nicht nur hier, aber hier in besonderer Weise: Worauf ist in der Gemeinde zu achten, wie sind die Beziehungen zu regeln und worauf fußt die Gemeinde? Erstaunlich ist, dass hier keine Rede ist von Petrus und seinem Amt, sondern nur von der Gemeinde. Diese Spannung muss festgehalten werden, wir können sie nicht hierhin oder dahin auflösen. Etwas grob formuliert lässt sich sagen, dass sich aus Mt 16,18-19 eher das katholische Kirchenbild ableiten lässt und aus Mt 18,18-20 eher das evangelische. Eine Festlegung,

Kirche da nur Kirche sein zu lassen, wo auf dem Boden von Mt 16 gedacht und gestaltet wird, widerspricht den neutestamentlichen Grundlinien, z.B. schon dieser beiden Kapitel 16 und 18.

Weiter fällt in den Kapiteln 16-20 auf, dass **drei Gleichnisse** vorgelegt werden, die sich nur bei Matthäus oder (einmal) bei Matthäus und Lukas finden, keines davon aber bei Markus. Es sind die Gleichnisse vom verlorenen Schaf (18,10-14), vom Schalksknecht (18,21-35) und von den Arbeitern im Weinberg (20,1-16). Alle drei Gleichnisse haben eine inhaltliche Aussage: Sie wollen das Erbarmen Gottes herausstellen, ja preisen! Dieses Erbarmen Gottes ist so ganz anders als jede menschliche Haltung: Der himmlische Vater sucht das Verlorene, auch wenn es nur um das Verhältnis 1:100 geht (verlorenes Schaf). Er schenkt Vergebung, wo er eigentlich nichts zu vergeben hätte – und erwartet nun auch die entsprechende Haltung auf Seiten derer, die sein Erbarmen erfahren haben (Schalksknecht). Und: Er streicht in seiner Güte menschliches Leistungsdenken durch und behandelt die Letzten wie die Ersten (Arbeiter im Weinberg).

Schließlich ist da noch eine weitere Besonderheit innerhalb dieser fünf Kapitel. Mittendrin findet sich die kurze Passage über die **Tempelsteuer** (17,24-27). Mit diesem Abschnitt will Jesus sagen, dass die Christen eine solche Steuer eigentlich nicht bezahlen müssen, da sie ja zum inneren Tempelbereich gehören. Sie gehören zum Volk Gottes, damit sind sie frei von dieser Steuer, die ja nur Fremden abgenommen wird. Damit aber kein Ärger geschieht und damit sich die junge Christengemeinde ohne äußere Störungen entwickeln kann, soll sie den staatlichen und religiösen Steuervorschriften entsprechen. Ein ganz ähnlicher Zusammenhang, wenn auch nicht auf den Tempel bezogen, findet sich im Römerbrief des Apostels Paulus (13,1-7; vgl. vor allem Vers 7).

Merkverse: 16,18f; 16,24-26; 18,3; 18,18; 18,20; 19,6; 19,14; 20,28

_____ Fragen:

– Vergleichen Sie Mt 16,18-19 und 18,18-20 miteinander. Was bedeutet die Verheißung Jesu an Petrus und was bedeutet sie nicht?

– Was kann die Aufforderung zur Selbstverleugnung (16,24) bedeuten in einer Welt, in der nur nach Selbstbestätigung und Selbstbewusstsein gefragt wird? Wie können wir Selbstverleugnung erklären und leben, ohne damit in eine selbstvergessene und total altruistische (d.h. auf den anderen ausgerichtete) Lebenshaltung zu geraten? Immerhin steht in der Bibel auch: „Liebe deinen Nächsten wie dich selbst!"

– In unseren Gemeinden wird schnell öffentlich, wenn jemand schuldig geworden ist. Die Anweisungen in Mt 18,15-18 sind mehr als weise. Wie kann eine solche Kultur des Umgangs miteinander auch unter uns Raum gewinnen? Wir sprechen über Erfahrungen in unserer Gemeinde und suchen nach Wegen, die dem Anspruch Jesu entsprechen.

– In unserem Land wird jede dritte, in den Städten jede zweite Ehe geschieden. Trotzdem gilt Jesu Wort aus Mt 19,6! Wie können wir die eigene Ehe so schützen und die Liebe füreinander so pflegen, dass der Weg zur Scheidung nicht beschritten werden muss?

– Das Gleichnis von den Arbeitern im Weinberg (20,1ff) hat immer wieder Anlass zu Diskussionen gegeben. Was ist Gerechtigkeit? Was hat Jesus gemeint mit dem großen Satz in 20,16?

Jesu Urteil über Jerusalem – Tempelgeschichten
Matthäus 21 – 25

Mit Kapitel 21 beginnt der letzte Abschnitt im Matthäus-Evangelium vor der eigentlichen Leidensgeschichte (26-27) und dem Osterbericht (28). Er wird in der Literatur gern mit der Bezeichnung „Tempelgeschichten" versehen, weil sich vieles in diesen Kapiteln um den Tempel in Jerusalem dreht (21,12ff.23; 24,1). Trotzdem ist dieser Begriff nur begrenzt hilfreich, weil er formaler Natur ist. Entscheidend ist ja die inhaltliche Frage. Und die tritt hier deutlich heraus: Die Auseinandersetzungen werden härter, der Widerstand gegen Jesus formiert sich immer stärker. Waren die Kapitel 12-16 noch relativ zurückhaltend, was die Kritik an Jesus anbelangt, so geht es hier wesentlich frostiger zu. Deutlicher als je zuvor ist die Absicht der Gegner Jesu erkennbar, ihn umzubringen. Um dieses Ziel zu erreichen, gehen sie den Weg der Konfrontation und suchen dabei vor allem die verbale Auseinandersetzung (21,23ff; 22,15ff.23ff.34ff).

Aber etwas anderes ist in diesen Kapiteln noch wichtiger. Jesus ist nicht nur der, der immer mehr isoliert wird, der angeklagt wird und dem Tod entgegengeht, er ist auch der, der nun selbst anklagt, der deutlich macht, was bei Gott recht ist und was nicht. So kann der ganze Abschnitt auch als eine Art Urteilsspruch Jesu gegenüber seinen Gegnern, in Kapitel 23,37ff auch gegenüber Jerusalem verstanden werden. Wie eine Art Gerichtsverhandlung liest sich das Ganze: Jesus ist eigentlich nicht der Angeklagte, sondern der Ankläger (vgl. Kap. 23). Darum lautet die Überschrift über diesen Abschnitt auch treffender: Jesu Urteil über Jerusalem.

Schließlich aber ist dieser Abschnitt geprägt von der sogenannten Endzeitrede (24-25), die wir ja auch bei Markus und Lukas finden. Nur ist sie hier sehr viel ausführlicher und zeigt auf, dass der, der hier Gericht spricht über die Menschen, die ihn verfolgen, auch einmal das Weltgericht halten wird (25,31ff).

Im Vergleich zum Markus-Evangelium sehen wir, dass der Duktus der Kapitel 11-13 bei Markus hier in den Kapiteln 21-25 erhalten bleibt. Matthäus hat aber eine Fülle von Sondergut vorgefunden und hier einbezogen, sodass der Abschnitt 21-25 gegenüber Markus sehr viel länger geworden ist. Besonders sticht heraus, dass Matthäus die große Pharisäerrede (23) aufgenommen hat, die sich bei Markus in dieser Form und an der entsprechenden Stelle nicht findet, und dass bei ihm zweimal drei Gleichnisse Jesu stehen, die bei Markus überwiegend und vor allem in dieser Zusammenstellung keine Parallele haben. Auch die große Rede von der Scheidung im Endgericht (25,31ff) findet sich nur bei Matthäus (vgl. hier die Schattierung innerhalb der graphischen Darstellung).

Jesu Urteil über Jerusalem (Tempelgeschichten)

Tatbestand (21,1-22)	Disputation (21,23-22,39)	Urteil (24,1-26,1)
Einzug in Jerusalem	Vollmachtsfrage	Tempelzerstörung
Tempelaustreibung	Gleichnis von den ungleichen Söhnen	Anfang der Wehen
Der verdorrte Feigenbaum	Gleichnis von den bösen Weingärtnern	Die letzte Drangsal
Ermutigung zum Glauben	Gleichnis vom königlichen Hochzeitsmahl	Die Wiederkunft des Menschensohnes
	Steuerfrage	Mahnung zur Wachsamkeit
	Auferstehungsfrage	Gleichnis vom guten und bösen Knecht
	Frage nach dem höchsten Gebot	Gleichnis von den zehn Jungfrauen
	Frage nach dem Davidssohn	Gleichnis von den anvertrauten Pfunden
	Gegen die Pharisäer: • Warnung • Sieben Weherufe • Wehklage über Jerusalem	Scheidung im Endgericht

Damit wird deutlich, welche Akzente bei Matthäus gegenüber Markus besonders heraustreten:

Durchgängig hatte sich gezeigt, dass Jesus im Matthäus-Evangelium vor allem der Lehrer ist, der Messias des Wortes. Die Taten spielen wohl eine wesentliche Rolle, die Worte aber haben das Hauptgewicht. Deshalb finden sich nun auch in diesen Kapiteln zwei große Redezusammenhänge: Zum einen die schon erwähnte Endzeitrede (24-25), zum andern die Rede gegen die Pharisäer (23).

Die Auseinandersetzung mit den Gegnern findet sich bei Markus auch, vor allem in den entsprechenden Kapiteln 11-13. Dennoch ist hier alles viel schärfer akzentuiert, die Auseinandersetzung ist schroffer. Hier ist der judenchristliche Hintergrund zu beachten, nicht wie bei Markus ein heidenchristlicher. Hier werden die Auseinandersetzungen mit den Gegnern sozusagen intern und damit entsprechend härter geführt.

In diesem Zusammenhang spielt das Kapitel 23 eine besondere Rolle. Es findet sich so nur bei Matthäus und enthält eine radikale Absage an die Praxis der damaligen Führerschicht im Lande, der Pharisäer und Schriftgelehrten. Es ist sicher nicht angemessen, diese Worte Jesu als Scheltrede gegen die jüdische Führerschicht zu verstehen und sich dabei selbst rauszuhalten. Hier sagt Jesus Sätze, die jede religiöse Leitung sorgfältig hören muss, sei sie nun jüdischer, christlicher oder einer anderen Prägung. Hier geht es um die Fragen von Macht und Ohnmacht, von Herrschsucht und Demut, von äußerlicher Anerkennung und der persönlichen Haltung vor Gott, von Echtheit und Heuchelei. Die sieben Wehe-Rufe 13.15.16.23.25.27.29) in diesem Kapitel stellen auch mancher christlichen bzw. pseudochristlichen Haltung einen entlarvenden Spiegel vor Augen!

Auffällig sind in diesen Kapiteln gleich zweimal drei Gleichnisse, die jeweils einen inneren Zusammenhang haben: Die ersten drei Gleichnisse (21,28 – 22,14, siehe Schaubild) machen durchgängig deutlich, dass sich das Heil nun denen zuwendet, die eigentlich gar nicht dafür vorgesehen waren:

Zöllnern und Huren (21,32), Leuten von der Straße, Guten und Bösen (22,10) oder, wie es in 21,43 heißt, einem anderen Volk. Angesichts des Unglaubens des Volkes Gottes öffnet sich die Perspektive für die Heidenvölker bzw. für die, die bisher nicht im Blick waren. Das ist die zentrale Botschaft dieser drei Gleichnisse. Die anderen drei Gleichnisse (siehe Schaubild) stehen in Kapitel 24,45 - 25,30 und haben als zentrales Thema den Ruf zur Wachsamkeit. Eindringlich warnt Jesus die Menschen, wachsam zu sein und die Stunde nicht zu verpassen, wenn der Herr (24,50), der Bräutigam (25,10), der Herr (25,19) wiederkommt. Die Zeit dazwischen sollen die Menschen nutzen, um treu ihre Arbeit zu tun und um sich genug Licht zu verschaffen für die Zeit, wenn es dunkel wird. Und sie sollen ihre anvertrauten Gaben nutzen, ja mit ihnen wuchern.

Das Ganze, was hier steht, sollen sich auch und in besonderer Weise die Christen gesagt sein lassen. So wie die Bergpredigt zunächst als Jüngerrede und damit als Einübung christlichen Lebens zu verstehen ist, so sind auch diese Gleichnisse darauf aus, der jungen Christengemeinde einzuprägen, dass sie treu sein und dass sie durchhalten soll in schwierigen Zeiten.

Und was die Gleichnisse markant beschreiben, wird in der Rede Jesu von der Scheidung im Endgericht (25,31ff) sozusagen auf die Spitze getrieben. Mit heiligem Ernst macht Jesus deutlich, dass es darauf ankommt, in Treue und Stetigkeit soziale, ja diakonische Verantwortung zu übernehmen, Hunger und Durst zu stillen, Fremde zu beherbergen, Kranke und Gefangene zu besuchen. Mit großer Strenge wird denen, die sich hier heraushalten, das Gericht gepredigt, während denen, die den bedürftigen Nächsten sehen und ihm begegnen, gesagt wird, dass ihnen in diesem armen Nächsten Jesus begegnet. Ihnen wird das ewige Leben verheißen.

Der Leser kann still erschrecken vor diesen Worten. Und das soll er auch, ohne dass damit die Gnade Gottes plötzlich von unserer Leistung abhängig gemacht wird. Die Gewissheit des Heils predigt Jesus auch im Matthäus-Evangelium. Er warnt aber davor, wie schon in der Bergpredigt, dass Christen matt und faul werden, dass sie die teure Gnade in eine billige verkehren, die nichts kostet, was die Nachfolge anbelangt. Christen mit solcher Haltung sind dann entweder nie Christen gewesen oder sie sind keine Christen mehr.

Merkverse: 21,22; 22,21;22,32;22,37-40; 23,8; 23,12; 24,13-14; 24,35; 25,21; 25,40

_____ Fragen:

– Die drei Gleichnisse (21,28 – 22,14) haben ein Thema: Das Evangelium von Jesus Christus wendet sich ab von denen, die es ablehnen. Aber es wendet sich denen zu, die bisher nicht dabei sein sollten, den Menschen, die am Rande standen, am Rande der Religion, der Gesellschaft, des bürgerlichen Standes. Was hat das mit uns zu tun? Gibt es auch ein Nein für die unter uns, die das Evangelium dauerhaft nicht wollen? Und begreifen wir erst dann, wenn wir bestimmte Kreise nicht mehr erreichen, dass das Evangelium für alle da ist? Wie steht es um unsere missionarische Weltverantwortung?

– Das Kapitel 23 wirkt wie ein Beichtspiegel. Es sollte durchaus von uns als Gemeinde Jesu Christi einmal so gelesen werden, damit wir vor Heuchelei, Egoismus und Ungerechtigkeit bewahrt bleiben.

– Worum geht es konkret, wenn Jesus bei dem Gleichnis von den törichten Jungfrauen (25,1ff) anspricht, dass auf jeden Fall genug Öl da sein muss? Was ist Öl in unserem Falle? Was brauchen wir, damit wir genug Wegzehrung, genug Licht auf dem Weg zum Ziel haben?

– Wir sollen unsere Pfunde nicht vergraben, sondern damit wuchern, sagt Jesus im Gleichnis von den anvertrauten Zentnern (25,14ff). Wie wird das in unserem Leben, in unserer Gemeinde konkret? Wir sprechen über einen gabenorientierten Gemeindeaufbau. Was gehört dazu?

– Die Geschichte von der Scheidung im Endgericht ist hart (25,31ff). Was will Jesus seiner Kirche damit sagen? Wer sind für uns heute die geringsten Brüder und Schwestern, die es aufzusuchen gilt? Haben wir den diakonischen Auftrag an unsere diakonischen Einrichtungen delegiert – oder haben wir auch selbst Anschluss an diese geringsten Brüder und Schwestern?

Jesu Leiden, Sterben und Tod
Matthäus 26 – 27

Nun geht es direkt auf das Letzte zu. Die Kapitel 26 und 27 beschreiben den Weg Jesu ans Kreuz und damit seinen Weg in das Sterben und in den Tod hinein. Wenn in vielen Überschriften zu diesen Kapiteln, in unserem Buch ja auch, die Rede ist von der Leidensgeschichte, dann ist das natürlich einerseits richtig, andererseits aber auch nicht ganz: Der ganze Weg bis hierher war schon ein Weg ins Leiden hinein, ein Weg des Leidens. Denn auch vorher war Jesus ständig von Gegnern umgeben, er wurde gejagt und mehrfach fast schon umgebracht. Aber es war noch nicht die Zeit für den Weg in den Tod. Von daher ist ein alter Satz richtig, dass nämlich die Evangelien „Passionsgeschichten mit ausführlicher Einleitung" (G. Bornkamm) sind. Der Leidensweg Jesu hat schon sehr früh begonnen, jetzt kommt er zu seinem Abschluss.

Dass das so ist, ersehen wir schon aus den ersten Versen von Kapitel 26. Fast feierlich beginnt der Abschnitt, und nachdrücklich betont der Evangelist Matthäus, dass Jesus nun alle(!) seine Reden beendet hat. Das, was Jesus seinen Jüngern und auch dem ganzen Volk zu sagen hatte, ist jetzt gesagt. Und dann nimmt Jesus seine Jünger zur Seite und erinnert sie an das, was er ja schon dreimal gesagt hat, dass er nämlich gekreuzigt werden wird. Er bereitet sie noch einmal und nun sehr deutlich auf das vor, was kommen wird. Und ebenso programmatisch wirken die Verse 3 und 4. Hier wird nun ausgesprochen, was immer schon in der Luft lag: Die Obersten des jüdischen Volkes beratschlagen, wie sie Jesus mit List festnehmen und töten können.

Im weiteren Verlauf beschreibt Matthäus den Weg Jesu in den Tod, und er macht das ganz ähnlich wie es auch Markus (Kapitel 14-15) getan hat. In der nun folgenden Geschichte von der Salbung in Betanien wird eine Frau beschrieben, die Jesus eine Liebe zuteilwerden lässt. Und so wie sie ihm noch zu seinen Lebzeiten etwas Gutes tut, so wird gegen Schluss der Leidensgeschichte (27,57-61) Josef von Arimathia dem toten Jesus eine Liebe erweisen. Diese beiden Geschichten stehen am Anfang und am Schluss der Passionsgeschichte und zeigen, dass Jesus trotz wachsender Einsamkeit von Liebe umgeben ist. Anschließend geht es dann zu wie bei einem Wettersturz: Judas, einer aus dem Jüngerkreis, meldet sich bei den Hohenpriestern und ist zum Verrat bereit. Dafür bekommt er zwar eine Menge Geld. Dass es ihm aber gar nichts bringt, wird später deutlich: Judas kann seine Schuld nicht verwinden und nimmt sich das Leben (27,3-10). Aber bis es soweit ist, passiert eine Menge. Der Weg Jesu in den Tod ist vorgezeichnet.

Bevor es aber nun immer stärker auf seine Gefangennahme und auf das Sterben am Kreuz zugeht, wird nach der „Salbung in Betanien" eine weitere eher zarte Geschichte eingeschoben. Überhaupt ist das ein Erzählmerkmal des Matthäus wie auch des Markus, dass er die Kontraste deutlich macht, die den Weg Jesu ans Kreuz ausmachen. Da ist zum einen die immer schroffere Abwehr und härtere Gangart gegen Jesus, zum andern ist da immer wieder vor Augen, dass und wie Jesus mit seinen Jüngern zusammen ist und Zeichen der Gemeinsamkeit setzt.

Allerdings sind die Geschichten in Mt 26,17-19; 26,26-29 und 26,36-46 alles andere als „normale" Jüngerbegegnungen. Zunächst feiert Jesus mit seinen Jüngern das Abendmahl (26,26-29); hier finden sich die berühmten Worte Jesu von der Einsetzung des Abendmahls (26,27-28), die wir immer dann sprechen bzw. hören, wenn in unseren Kirchen das Abendmahl gefeiert wird. Jesus macht mit diesem Mahl deutlich, dass es wirklich sein letztes Mahl mit den Jüngern ist, dass sie aber wissen sollen, dass er mit seinem Leib und Blut auch in den Zeiten, in denen er nicht mehr da sein wird, ganz und gar präsent ist. „Realpräsenz" nennen das die Theologen, die mehr von der lutherischen Reformation geprägt sind. Christus ist ganz da, ganz real, wenn wir beim Abendmahl Brot und Wein empfangen. Die reformierte Tradition spricht da eher von einer „Spiritualpräsenz", also davon, dass Jesus „im Geiste" anwesend ist, aber nicht leiblich. Diese Unterschiede sind jedoch nicht so groß, dass sie kirchentrennend wären. Jedenfalls haben die Einsetzungsworte Jesu beim Abendmahl mit seinen Jüngern einen hohen Verheißungscharakter, und das mitten in der Leidensgeschichte. Dieser Verheißungscharakter wird in der Geschichte der Kirche Sonntag für Sonntag aufgenommen und als Erfüllung erlebt: Jesus *ist* gegenwärtig in Brot und Wein und damit *die* lebendige Kraftquelle für unseren Weg des Glaubens.

Die andere Geschichte, die Jesus in Gethsemane zeigt, gehört auch zu den eher zarten, stillen Abschnitten mitten im wachsenden Druck auf Jesus. Er begibt sich in den Garten Gethsemane; drei seiner Jünger begleiten ihn (Mt 26,36-46). Da erfahren wir nun eine Menge von der Menschlichkeit Jesu, von seinen Anfechtungen, aber auch von seinem Glaubensgehorsam Gott gegenüber. Er spricht seine Ängste aus, er bittet auch darum, dass der Kelch des Leidens an ihm vorübergehen möge. Aber er sagt zweimal: „Dein Wille geschehe". Was er in der Bergpredigt im Vaterunser seinen Jüngern beigebracht hat, das sieht er nun für sich selbst als gültig an. Bei allem Leiden ist es ihm zentral wichtig, dass Gottes Wille zum Zug kommt.

Erstaunlich ist dabei, dass die Jünger, die er mitgenommen hat, von dem Ganzen kaum etwas mitbekommen. Sie schlafen und bringen damit zum Ausdruck, was auch vorher schon immer wieder angeklungen ist: Die Jünger Jesu begreifen oft erst im Nachhinein, was die Stunde geschlagen hat. So ist es ja dann auch bei Petrus, dem ein ganzer Abschnitt in der Passionsgeschichte gewidmet ist. Der, der im Vorfeld (26,33.35) lautstark zum Ausdruck bringt, dass er Jesus niemals verleugnen wird, tut das schließlich doch – und merkt es erst, nachdem der Hahn, wie von Jesus angekündigt, gekräht hat (26,69-75).

Das, was Jesus mit den Jüngern tut und erlebt, ist das eine, was die Passionsgeschichte prägt. Das andere ist das, was nun an ihm geschieht: Kaum hat Jesus seinen Gebetskampf in Gethsemane beendet, verrichtet Judas auch schon seinen schändlichen Dienst und verrät Jesus. Und dann geht es Schlag auf Schlag: Jesus wird gefangengenommen, er kommt vor den Hohen Rat, er wird dem Pilatus übergeben und von ihm angeklagt. Zwar bemüht sich Pilatus in erstaunlicher Weise darum, Jesus frei zu bekommen, und seine Ehefrau steht ihm nicht nach (27,19). Trotzdem muss er dann den Verbrecher Barrabas freigeben und Jesus zur Kreuzigung abführen lassen, weil er sich vor dem Volk fürchtet und natürlich auch davor, sein Amt verlieren zu können.

Jesus muss dann auch noch den bitteren Weg der Verspottung und der körperlichen Misshandlung durch die Soldaten gehen (27,27-31), bis der Weg nach Golgatha beschritten wird. Und dann, am Kreuz, spricht Jesus die schweren Worte aus Psalm 22: „Mein Gott, mein Gott, warum hast du mich verlassen?" (27,47). Er, der nichts anderes tun wollte als den Willen Gottes zu erfüllen, wirft nun seinem Gott, der verborgen zu sein scheint, seine Warum-Klage entgegen. Er bleibt beim Gebet, das Du Gottes bleibt erhalten, aber seine Lebensnot schreit er ihm entgegen. Das macht den Weg Jesu für uns menschlicher, wir können in sein großes Tun für uns noch anders einstimmen, wenn wir diesen Gebetsruf hören und in uns aufnehmen. Hier klingen die Überlieferungen von Matthäus und Markus wieder ganz verwandt; beide überliefern dieses eine Wort Jesu, während uns Lukas und Johannes noch ganz andere Worte von Jesus am Kreuz weitergeben. Insgesamt sind es sieben große Worte, und zusammengenommen enthalten sie alles Wesentliche über Jesu Menschlichkeit und Göttlichkeit, aber auch über seine Sendung und seine Seelsorge:

Die sieben Worte Jesu am Kreuz:

Matthäus	(1) „Mein Gott, mein Gott, warum hast du mich verlassen?" (27,46)
Markus	„Mein Gott, mein Gott, warum hast du mich verlassen?" (15,34)
Lukas	(2) „Vater, vergib ihnen, denn sie wissen nicht, was sie tun." (23,34) (3) „Wahrlich, ich sage dir: Heute wirst du mit mir im Paradiese sein." (23,43) (4) „Vater! In deine Hände befehle ich meinen Geist." (23,46)
Johannes	(5) „Siehe, Frau, das ist dein Sohn. Siehe, das ist deine Mutter." (19,26f) (6) „Mich dürstet." (19,28) (7) „Es ist vollbracht." (19,30)

Es ist kein Wunder, dass verschiedene Komponisten diese sieben Worte Jesu am Kreuz verwendet haben, um daraus bleibende Musikwerke zu schaffen. Gerade die Zusammenschau dieser Worte macht sie so umfassend bedeutsam. Denn sie weisen zum einen nach oben, sie weisen nach unten, sie weisen nach hinten und sie weisen nach vorn. Sie bilden selbst ein Kreuz und zeichnen die Bedeutung des Kreuzes nach.

Dem Wort Jesu am Kreuz folgt Jesu Tod bald nach. Nicht vergessen sei, dass Jesu Wort der Einsamkeit seinem Gott gegenüber von einer anderen Einsamkeit begleitet ist: Die beiden sogenannten Schächer am Kreuz, die neben Jesus das gleiche Todesgeschick erleiden müssen, sagen sich ebenso von Jesus los wie die Passanten, die vorübergehen und nur Hohn und Spott für Jesus haben. Sein Tod am Kreuz hat tiefe Einsamkeit bei sich; dieses kommt bei Matthäus sehr deutlich heraus. Anders zeichnet Lukas diese Szene: Nach seiner Kenntnis der Dinge hat einer der beiden Verbrecher, die mit Jesus gekreuzigt werden, von Jesus mehr verstanden. Er sehnt sich nach seiner Nähe und bekommt ja auch das große Wort gesagt. „Heute wirst du mit mir im Paradies sein." Auch die Haltung Jesu im Angesicht des Todes ist eine andere. Bei Lukas findet sich das Wort Jesu: „Vater, in deine Hände befehle ich meinen Geist." Hier sind Anklänge an ein jüdisches Abendgebet unverkennbar; eher friedlich wird das Sterben Jesu beschrieben. Demgegenüber kommt die ganze Härte des Sterbens und des Todes Jesu bei Matthäus heraus; so stark und anrührend wie kaum an einer anderen Stelle im Neuen Testament wird hier deutlich, was Jesus aufgewandt hat, um uns zu erlösen und die Beziehung zum Vater im Himmel wieder zu heilen.

Damit kommt heraus, was bei Matthäus den Schwerpunkt bildet und wo seine Besonderheit in der Darstellung des Sterbens Jesu liegt:

- Es wird sehr klar, dass Jesus in der Fassung der Leidensgeschichte nach Matthäus einem heiligen „Muss" folgt. Alles, was Jesus tut, dient dazu, Gottes Pläne zu verwirklichen (26,2). Er verzichtet auf eigene Machtausübung (26,52-54) und stellt alles dem anheim, dem er sich verpflichtet weiß (vgl. sein „Dein Wille geschehe" im Gebetskampf im Garten Gethsemane).

- Demgegenüber wird die Schuld des Judas mehr als deutlich beschrieben. In keinem anderen Evangelium wird sein Ergehen so drastisch beschrieben wie hier. Judas hat keine Freude an seinem Geld, er verzweifelt über seiner Schuld und nimmt sich das Leben (27,3-10). Deutlich wird gesagt, dass Jesus den Weg in den Tod gehen muss, dass aber der, der dies bewirkt, schwer bestraft wird.

- Damit wird auch die Schuld derer, die Jesus in den Tod getrieben haben, klar benannt. Das Volk, das Jesus ans Kreuz bringen will, nimmt die Schuld und eine damit verbundene Strafe für sein Vergehen auf sich (27,25f).

- Die, die Jesus in den Tod getrieben haben, haben nun nur einen Wunsch: Dass Jesus wirklich im Grab verbleibt und nicht womöglich von seinen Jüngern gestohlen wird. Sie könnten ja sonst Legenden über Jesus verbreiten. Deshalb erreichen sie bei Pilatus, dass Jesus besonders bewacht wird. (27,62-66).

– Aber all dies reicht nicht aus, um das auszublenden oder womöglich zu verhindern, was dann geschieht, nämlich Jesu Auferweckung. Dass er ein Besonderer, ja dass er Gottes Sohn ist, kommt bei Matthäus schon durch die berichteten Begleitumstände des Todes Jesu heraus. Die Erde bebt, der Vorhang im Tempel zerreißt, und Menschen, die längst gestorben sind, kommen aus ihren Begräbnisstätten. Wie die Einsamkeit Jesu markant beschrieben wird, so klingt gegen Ende der Kapitel 26 und 27 schon an, welches Wunder sich direkt anschließen wird. Sind die Begleitumstände des Todes Jesu schon elementar bewegend, so wird die Auferstehung dann der besondere Machterweis Gottes in dieser Welt sein.

Leiden, Sterben und Tod Jesu

	Vom Todes-anschlag bis Gethesemane		Von Gethsemane bis zum Tod
26,1-5	Todesanschlag	26,47-56	Verrat und Gefangen-nahme Jesu
26,6-13	Salbung in Bethanien	26,57-68; 27,1-2	Verurteilung Jesu vor dem Hohen Rat
26,14-16	Verabredung des Verrats	26,69-75	Verleugnung Jesu durch Petrus
26,17-19	Vorbereitung des Passamahls	27,3-10	Verzweiflungstat des Judas
26,20-25	Ankündigung des Verrats	27,11-14	Anklage Jesu vor Pilatus
26,26-29	Das Abendmahl	27,15-26	Verwerfung Jesu durch Pilatus
26,30-35	Gethsemane: Ankün-dung der Verleug-nung des Petrus	27,27-31a	Verspottung Jesu durch die Soldaten
26,36-39	Gethsemane: Gebetskampf Jesu	27,31b-44	Kreuzigung Jesu
26,40-46	Gethsemane: Verschlafenheit der Jünger	27,45-56	Tod Jesu
		27,57-61	Grablegung Jesu
		27,62-66	Bewachung des Grabes

Merkverse: 26,26-28; 26,39b; 26,41; 27,46b

_____ Fragen:

– Was bedeutet uns das Abendmahl, wenn wir es in unseren Gemeinden und Gemeinschaften feiern? Was lesen wir aus Mt 26,26-29 heraus? Was können wir dazu lernen?

– Der Gebetskampf Jesu in Gethesemane ist sehr bewegend beschrieben (26,36ff). Diese Anfechtung Jesu ist einzigartig und lässt sich mit keiner anderen vergleichen, denn er kam von Gott und wurde in diese Tiefe geführt. Trotzdem kommen auch wir in manche Anfechtungen, die uns runterreißen können. Was bedeutet da Jesu Aufruf „Wachet und betet" (26,41)? Und was lernen wir aus Jesu Umgang mit der Bitte des Vaterunsers „Dein Wille geschehe" (26,39.41)?

– Petrus steckt tief in uns. Auch wir stehen oft in Gefahr, uns nicht zu Jesus zu stellen und ihn zu verleugnen. Wir lesen Johannes 21,15-17. Da ist auch von Petrus die Rede, da geht es auch um ein Dreifaches. Aber da liegt auch der Schlüssel, wie es gelingen kann, sich treu zu Jesus zu stellen.

– Die Warum-Klage klingt uns für unser eigenes Beten eher fremd. Trotzdem wird diese Klage in der Bibel und hier auch durch Jesus immer wieder an Gott gerichtet (27,46; vgl. auch Psalm 13 u. a.). Was können wir daraus lernen für unser Gebetsleben?

Jesu Auferstehung
Matthäus 28

Nun stehen wir vor der entscheidenden Wende in der Menschheitsgeschichte: Der, der in den Tod gehen musste, lebt. Jesus ist auferstanden. Die Frauen, die morgens nachsehen wollen, wie es um Jesu Grab steht, erschrecken tief: Sie bekommen Anteil an dem großen Wunder Gottes, das sich auch darin zeigt, dass die Elemente zittern. Das Grab ist leer! Ein Engel lässt sich an der Stelle nieder, wo die Frauen Jesus vermuten. Er sieht aus wie eine Lichtgestalt. Alles wird reglos angesichts des göttlichen Einwirkens. Selbst die Wachsoldaten können sich nicht mehr rühren.

So dramatisch beschreibt Matthäus das Wunder von Ostern. Und er teilt mit, wie sich der Engel an die verschreckten Frauen wendet. Der ruft ihnen zu, dass Jesus auferstanden ist und dass sie sich davon überzeugen können, dass das Grab leer ist. Er verweist sie auf Galiläa; dort können sie Jesus sehen. Und er weist sie an, den anderen Jüngern mitzuteilen, dass Jesus auferstanden ist.

Was bei Markus (16,1ff) eher in einem fahlen Licht bleibt, wird hier in einen unbeschreiblichen Lichtglanz Gottes gestellt. Ist bei Markus das Erschrecken über die Auferstehung Jesu vorherrschend, so hier die Freude, gegenüber der das Erschrecken weichen muss (28,8). Matthäus berichtet dann auch noch von einer Begegnung Jesu mit den Frauen nach seiner Auferweckung, bei der sich Jesus schon in seiner ganzen Hoheit zeigt. Alles läuft nun darauf zu, dass Jesus seiner ganzen Jüngergemeinde in Galiläa erscheinen wird, in der Landschaft, in der seine öffentliche Wirksamkeit begann.

Aber da ist noch etwas zu dokumentieren. Bevor Matthäus uns nach Galiläa führt, muss er noch berichten, was sich am Grab Jesu weiter zugetragen hat. Offenbar ist es schnell bekannt geworden, dass Jesus nicht mehr im Grab war. Damit nun keine größere Öffentlichkeit entsteht, wird die Wache bestochen. Die Soldaten sollen sagen, dass die Anhänger Jesu den Leichnam Jesu weggetragen, ihn also gestohlen hätten. Auf jeden Fall sollte vermieden werden, dass jemand an ein Wunder glauben könnte. Jesus durfte ja nicht der Messias sein; alles, was er in dieser Hinsicht predigte und tat, wurde mit Kritik, ja mit Ablehnung und Abweisung versehen. So auch jetzt: Auf keinen Fall durfte Jesus als der erscheinen, der er von Anfang an war, als der Heiland der Welt, als der Sohn vom Vater, der die Verheißungen Gottes für sein Volk erfüllen und die Sünder retten könnte.

Aber all diese menschlichen Winkelzüge, die bis in die Gegenwart hinein als sogenannte Wahrheit über Jesus verkauft werden, können nicht verhindern, dass sich die Größe und Klarheit Jesu unter den Menschen zeigt. Das ist wirklich bis heute so geblieben: Mögen moderne Illustrierte jedes Jahr pünktlich zu Weihnachten ihre vernichtenden Jesus-Stories bringen; sie können nicht verhindern, dass eine ständig wachsende Gottesdienstgemeinde Jahr für Jahr die Weihnachtsbotschaft hört und in sich aufnimmt.

Schließlich erscheint Jesus der Jüngergemeinde, wie vorher avisiert, in Galiläa. Das ist nun der große Schlusspunkt des ganzen Evangeliums. Zwar sind einige unter den Jüngern immer noch nicht davon überzeugt, dass er auferstanden ist; „sie zweifelten" (28,17), heißt es im Text. Dennoch versammeln sie sich alle, um nun die großen Worte des Missionsbefehls zu hören, von denen am Anfang dieses Buches, bei der Einführung ins Matthäus-Evangeliums schon die Rede war.

Da hören sie nun geballt, wer Jesus ist und was sein Auftrag an seine Gemeinde ist (28,18-20). Er ist voller Kraft, und die ist nicht auf einige Bereiche beschränkt, sondern erfüllt Himmel und Erde. Und er wird auch der sein, der auch dann noch voller Kraft ist, wenn das Ende der Zeit gekommen ist. Aber in der Zwischenzeit, der Zeit zwischen seiner Auferweckung und seiner Wiederkunft, soll die Gemeinde die ganze Welt mit seiner Botschaft erreichen. Sie soll dazu einladen, dass die Menschen seine, Jesu Jünger werden. Sie sollen taufen auf den Namen des dreieinigen Gottes. Und sie sollen unterrichten, damit die Neugetauften mündige Christen werden, oder, wie es der Text sagt, damit sie alles das halten, was Jesus ihnen aufgetragen hat. Mit diesem Missionsbefehl, wie der Abschnitt gern genannt wird, endet das Evangelium nach Matthäus, wobei festzuhalten ist, dass der Befehl Jesu eingerahmt wird durch eine unglaubliche Verheißung. So ist das eben, wenn Menschen sich auf die Nachfolge Jesu einlassen: sie werden nicht nur beauftragt, sie werden auch beschenkt.

Die Osterberichte
Matthäus 28

Das Grab ist leer	28,1-6
Jesus erscheint zwei Frauen	28,7-10
Die Bestechung der Wache	28,11-15
Erscheinung Jesu in Galiläa	28,16-18
Verheißung und Auftrag zur Mission	28,19-20

Merkvers: 28,18-20

_____ Fragen:

– Wir vergleichen die Osterberichte bei Matthäus und Markus (16,1ff).
– Was sind die Unterschiede?
– Wo sind die Gemeinsamkeiten?
– Was können wir aus dem einen, was aus dem anderen Bericht mitnehmen?
– Der Apostel Paulus hat ein großartiges Auferstehungskapitel geschrieben. Wir finden es im 1. Korintherbrief im 15. Kapitel und lesen es. Wir hören, wie Paulus die Auferstehung Jesu deutet, und wir sprechen über unsere eigene Auferstehungshoffnung.
– Der sogenannte Missionsbefehl hat seit damals in jeder Generation Menschen bewegt, auf andere Menschen zuzuge-

hen, um sie in die Gemeinschaft mit Jesus einzuladen. Auch heute hören wir die Worte Jesu in Mt 28,18-20 als aktuellen Aufruf Jesu für uns persönlich, für unsere Gemeinde, für unseren Kreis. Wo ist unser persönlicher Beitrag im Blick auf die Einlösung des Missionsauftrages Jesu? Was können wir an unserer Stelle noch mehr und anderes tun, um dem Aufruf gerecht zu werden. In unserem Land leben fast 30 Millionen Menschen, denen der christliche Glaube fremd geworden ist oder nie vertraut war. Wir haben eine große missionarische Herausforderung. Und wir haben einen großen Herrn, der unser Tun mit seiner Kraft ermöglicht und begleitet.